JN327301

このいろなあに
はなといきもの

さく／なかやま れいこ　　え／アトリエ モレリ　　かんしゅう／いとう けい
東京大学 分子細胞生物学研究所 准教授

色覚
フリーえほん

| あか | くろ | あお | しろ |

いろの なまえの はじまり

どうして「あか」? 「あか」は、「よあけ」や「あかるい」から できた いろの なまえ。

どうして「くろ」? 「くろ」は、「くれる」や「くらい」と いう ことばから できた いろの なまえ。「くらい」いろが「くろ」の なかま。

どうして「あお」? 「あか」でも「くろ」でも ない いろの なかまが、「あお」。にほんごでは、「みどり」と いう ことばは あとから できたんだ。だから、「あおば」とか「あおしんごう」などのように、「みどり」の ことを「あお」と よぶよ。

どうして「しろ」? うえの いろに、はっきりと「しるし」を つける いろの ことを、「しろ」とよぶ。

いろの おおきな なかまわけ

← ──── あかっぽい いろ ────
あかむらさき　　あか　　ピンク　　オレンジ　　ちゃいろ

← ──── くろっぽい いろ ────
くらい ちゃいろ　　くろ　　くらい はいいろ　　うすちゃいろ

← ──── あおっぽい いろ ────
むらさき　　あいいろ　　あお　　みどり　　きみどり

← ──── しろっぽい いろ ────
ちゃっぽい きみどり　　あかるい はいいろ　　しろ　　ちゃっぽい クリーム

みぢかな はなや いきものの いろ。こまかく かんさつする ことは あまり ないよね。いろを みた ときに どこが なにいろなのか、わかりにくい ともだちも いるよ。どんな いろが かくれて いるのか、くわしく しらべて みよう。

いろは まざりあって できて いるよ

あか　オレンジ　きいろ　みどり　あお　あいいろ　むらさき

この ほんの なかの いろの なまえ

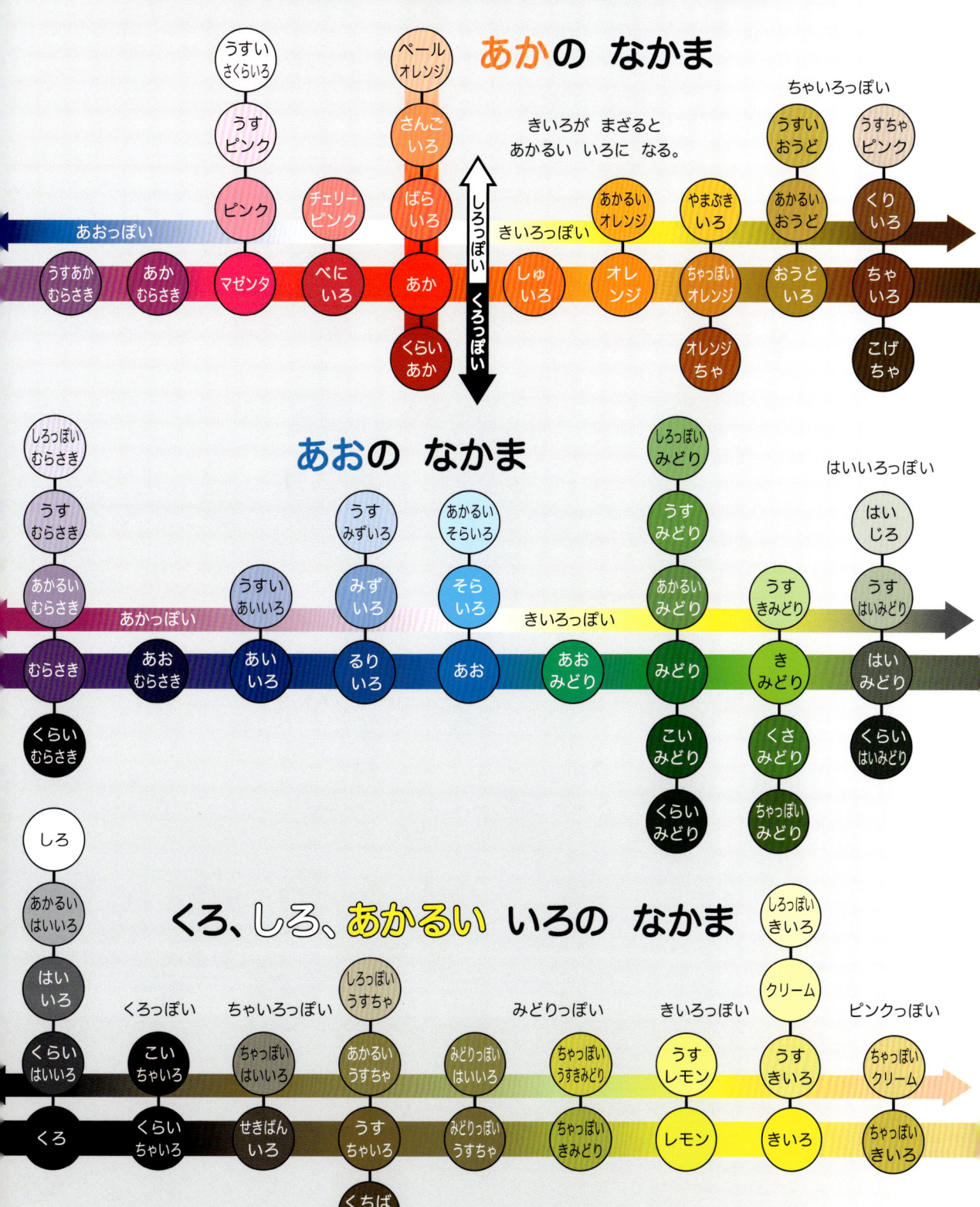

あかの なかま

きいろが まざると あかるい いろに なる。

- うすい さくらいろ / うすピンク / ピンク / マゼンタ / うすあかむらさき
- チェリーピンク / べにいろ / あかむらさき
- ペールオレンジ / さんごいろ / ばらいろ / あか / くらいあか
- しろっぽい ／ くろっぽい
- きいろっぽい / しゅいろ / あかるいオレンジ / オレンジ / やまぶきいろ / ちゃっぽいオレンジ / オレンジちゃ
- ちゃいろっぽい / うすいおうど / あかるいおうど / おうどいろ
- うすちゃピンク / くりいろ / ちゃいろ / こげちゃ

あおの なかま

- しろっぽいむらさき / うすむらさき / あかるいむらさき / むらさき / くらいむらさき
- あかっぽい / うすいあいいろ / あおむらさき
- うすみずいろ / みずいろ / あいいろ
- あかるいそらいろ / そらいろ / るりいろ / あお
- きいろっぽい / あおみどり
- しろっぽいみどり / うすみどり / あかるいみどり / みどり / こいみどり / くらいみどり
- うすきみどり / きみどり / くさみどり / ちゃっぽいみどり
- はいいろっぽい / はいじろ / うすはいみどり / はいみどり / くらいはいみどり

くろ、しろ、あかるい いろの なかま

- しろ / あかるいはいいろ / はいいろ / くらいはいいろ / くろ
- くろっぽい / こいちゃいろ / くらいちゃいろ
- ちゃいろっぽい / ちゃっぽいはいいろ / せきばんいろ
- しろっぽいうすちゃ / あかるいうすちゃ / うすちゃいろ
- みどりっぽい / みどりっぽいはいいろ / みどりっぽいうすちゃ / くちばいろ
- ちゃっぽいうすきみどり / ちゃっぽいきみどり
- きいろっぽい / うすレモン / レモン
- しろっぽいきいろ / クリーム / うすきいろ / きいろ
- ピンクっぽい / ちゃっぽいクリーム / ちゃっぽいきいろ

*この ほんでは、えのぐでも つかって いるような、わかりやすい いろの なまえを えらんで つかって います。にほんごに すると わかりにくい、がいこくの いろの なまえは、そのまま つかって います。

むらさき　　あかむらさき　　べにいろ　　ピンク　　あか　　オレンジ　　きいろ

となりに ならんだ いろと いろが、まざる ようすを みよう

あかい はな

アンスリウム

- きいろ
- あか
- ほう：はなを まもる はなのように みえる はっぱ。
- しろっぽい きいろ
- はな：ちいさな はなが、あつまっている。

チューリップ

あか → オレンジ → きいろ → しろ

はなびらの まわりから、あか、オレンジ、きいろ、そして しろに かわって いるよ。

- くき：くきや はっぱは、みどりいろ。こさの ちがう いろいろな みどりいろが あるから、よく みようね。
- あかるい みどり
- しろっぽい みどり
- はっぱ：チューリップの はっぱは、ねもとの ほうが しろっぽい ことも ある。

グロリオサ

- きいろ
- べにいろ
- きいろ
- オレンジ
- きみどり
- ちゃっぽい みどり
- おしべ
- めしべ

めしべや おしべは、オレンジや きいろ、みどりいろ。

ヒゲナデシコ

はなびらの まわりから、べにいろ、あかむらさき、そして ピンクに かわって いるよ。

べにいろ → あかむらさき → ピンク

- めしべとおしべ
- むらさき

はなと おなじような いろ。

ヒトは、めずらしい はなを あつめ、
ながい じかんを かけて、あかい はなを つくって きた。
だから、はなやには あかい はなが たくさん ある。
しぜんに さく、あかい はなは すくないよ。さがして みよう。

4

しろっぽい きいろ　しろ　き みどり　しろっぽい みどり　あかるい みどり　ちゃっぽい みどり　ちゃいろ　くろ

あかい もようの むし

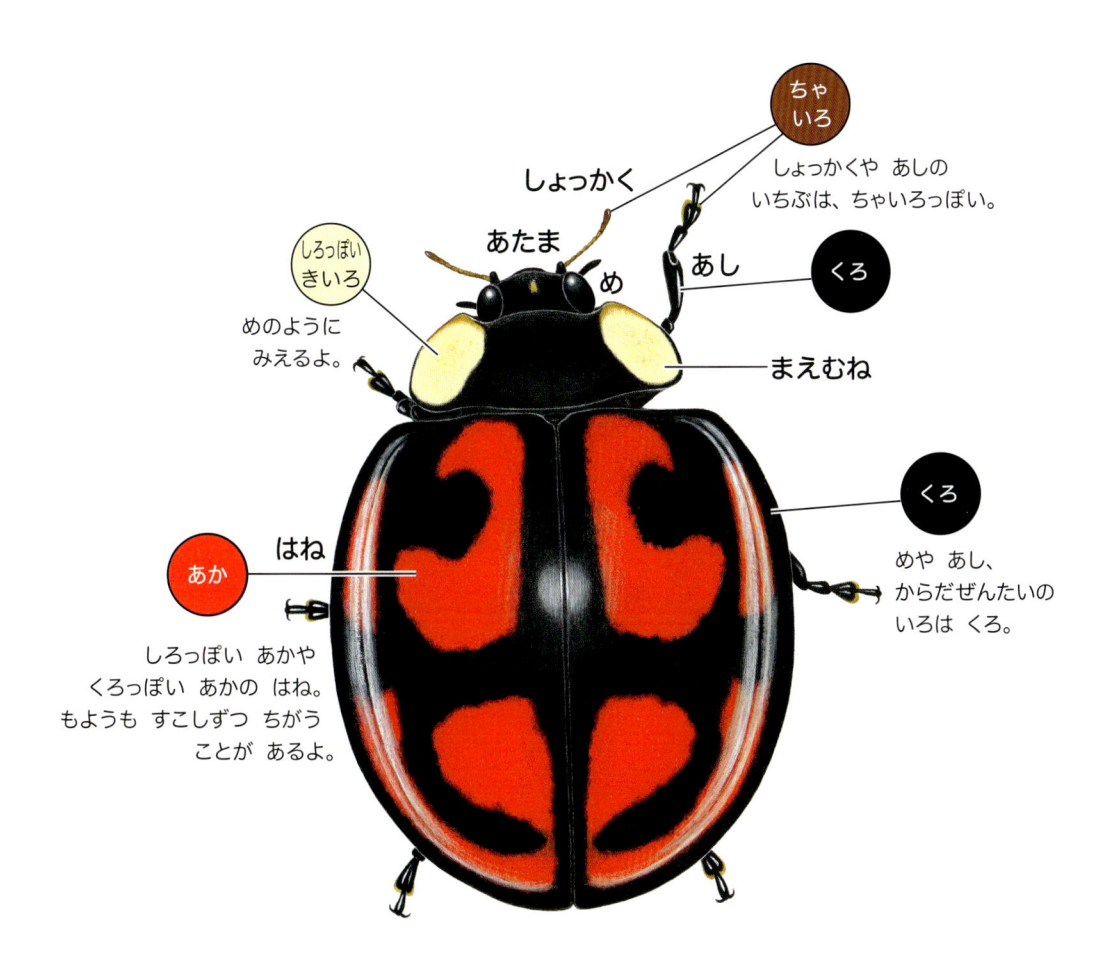

ちゃいろ
しょっかく
しょっかくや あしの いちぶは、ちゃいろっぽい。

あたま
め
あし
くろ

しろっぽい きいろ
めのように みえるよ。

まえむね

くろ
めや あし、からだぜんたいの いろは くろ。

あか
はね
しろっぽい あかや くろっぽい あかの はね。もようも すこしずつ ちがう ことが あるよ。

カメノコテントウ

はなや むしの いろいろな あか。
きいろや あおの はなや むしは、どうかな？

はねや、からだぜんたいが あかい むしは いないけれど、
こうえんや、がっこうの かだんなどにも いる
テントウムシの なかまには、
あかや オレンジ、きいろの もようが あるよ。

| こげちゃ | あか | あかるい オレンジ | やまぶき いろ | きいろ | うす レモン | レモン |

きいろい はな

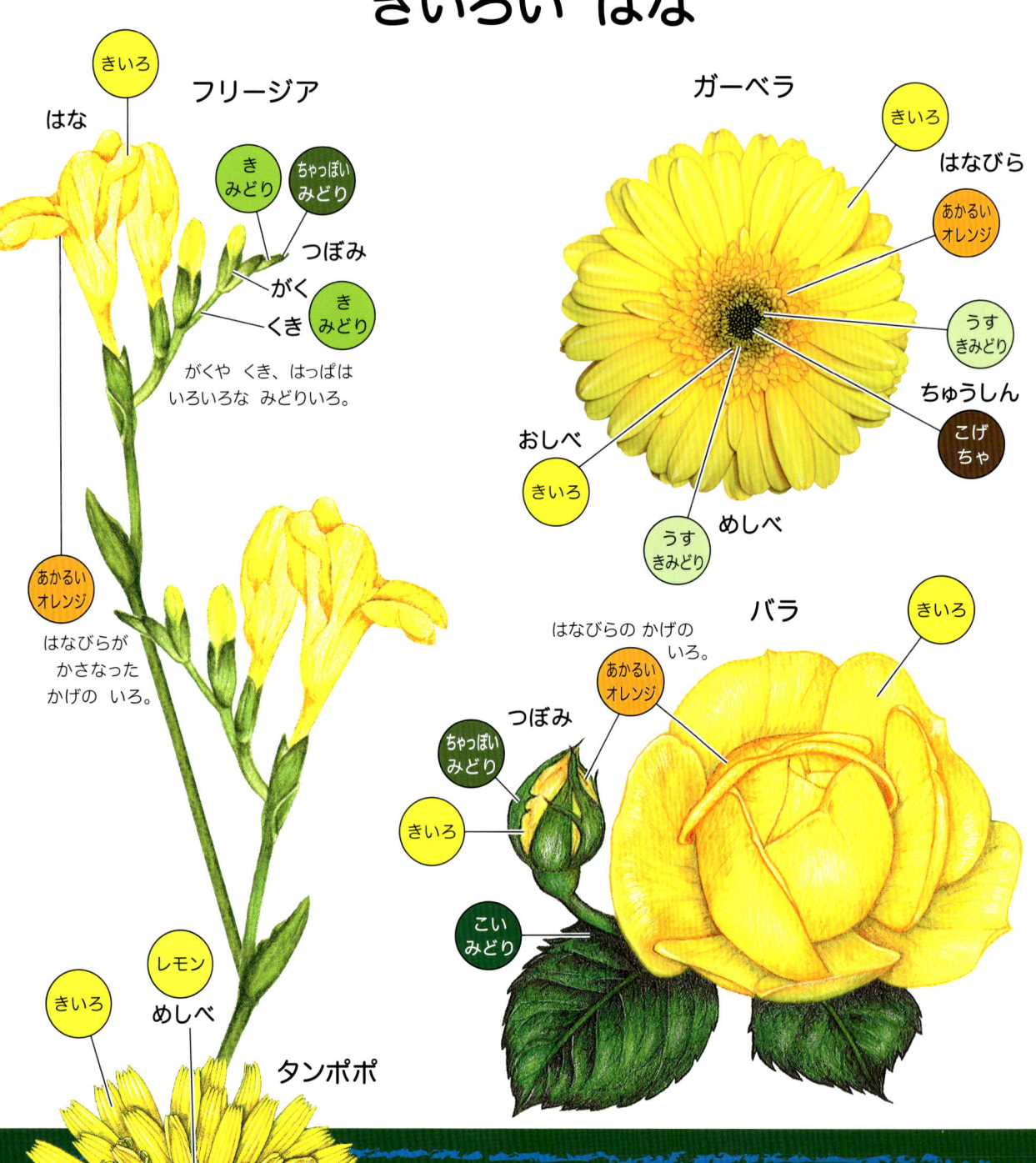

フリージア
- はな：きいろ
- つぼみ：きみどり、ちゃっぽい みどり
- がく
- くき：きみどり

がくや くき、はっぱは いろいろな みどりいろ。

はなびらが かさなった かげの いろ：あかるい オレンジ

ガーベラ
- はなびら：きいろ
- あかるい オレンジ
- うす きみどり
- ちゅうしん：こげちゃ
- おしべ：きいろ
- めしべ：うす きみどり

バラ
- きいろ
- はなびらの かげの いろ：あかるい オレンジ
- つぼみ：ちゃっぽい みどり、きいろ
- こい みどり

タンポポ
- きいろ
- めしべ：レモン

きいろい はなには、キクの なかまが おおい。タンポポと ガーベラは、キクの なかまだよ。はなの かたちは いろいろ。よく みて くらべて みよう。

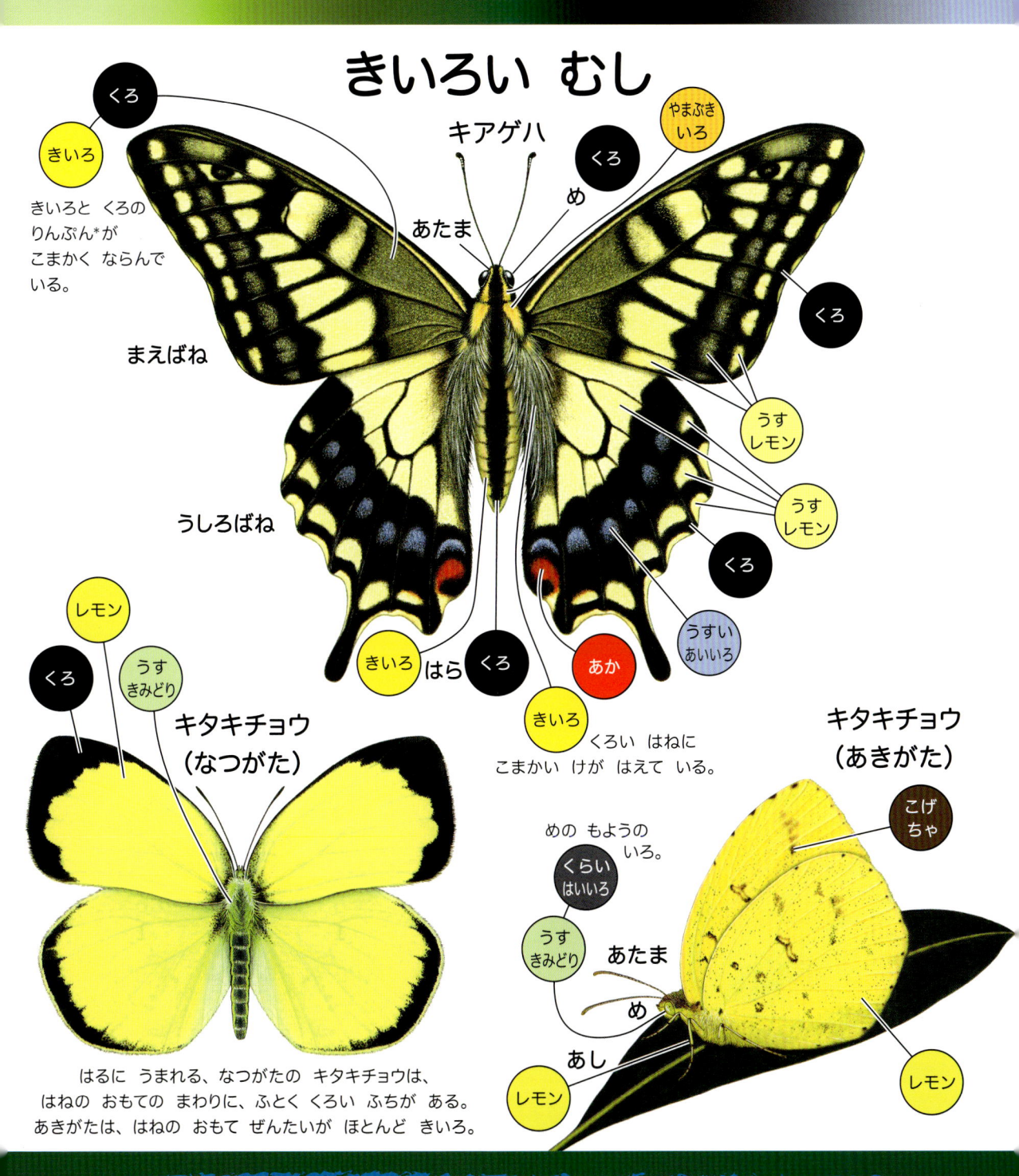

| うす きみどり | きみどり | ちゃっぽい みどり | こい みどり | くろ | くらい はいいろ | うすい あいいろ |

きいろい むし

キアゲハ

- くろ
- きいろ
- きいろと くろの りんぷん*が こまかく ならんで いる。
- あたま
- やまぶき いろ
- くろ
- め
- まえばね
- くろ
- うす レモン
- うす レモン
- うしろばね
- くろ
- うすい あいいろ
- きいろ
- はら
- くろ
- あか
- きいろ
- くろい はねに こまかい けが はえて いる。

キタキチョウ（なつがた）

- レモン
- くろ
- うす きみどり

はるに うまれる、なつがたの キタキチョウは、はねの おもての まわりに、ふとく くろい ふちが ある。あきがたは、はねの おもて ぜんたいが ほとんど きいろ。

キタキチョウ（あきがた）

- こげ ちゃ
- めの もようの いろ。
- くらい はいいろ
- うす きみどり
- あたま
- め
- あし
- レモン
- レモン

きいろい むしは、あまり いない。なかなか みられないかも
しれないけれど、はなの みつを すいに くる
キアゲハや キタキチョウに、であうかも しれないよ。
こうえんや こうていで、さがして みよう。

*チョウや ガの はねの ひょうめんを おおい、いろや もようを あらわして いる。

| あかるい むらさき | あお むらさき | あいいろ | るりいろ | みずいろ | うす みずいろ | あかるい そらいろ | しろ |

あおい はな

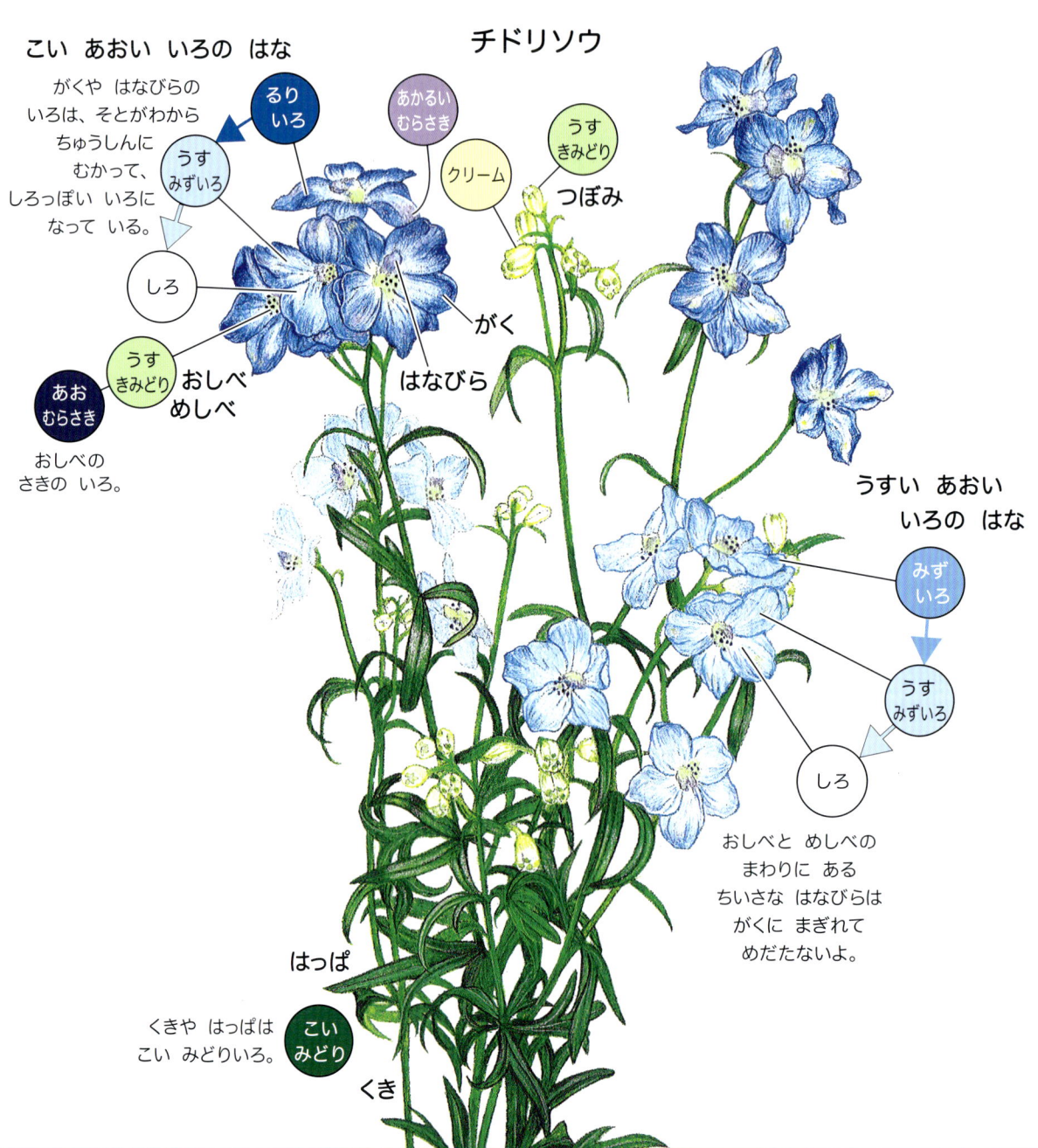

チドリソウ

こい あおい いろの はな

がくや はなびらの いろは、そとがわから ちゅうしんに むかって、しろっぽい いろに なって いる。

- るりいろ
- うす みずいろ
- しろ
- あかるい むらさき
- クリーム
- うす きみどり（つぼみ）
- がく
- はなびら
- おしべ めしべ
- うす きみどり
- あお むらさき

おしべの さきの いろ。

うすい あおい いろの はな

- みずいろ
- うす みずいろ
- しろ

おしべと めしべの まわりに ある ちいさな はなびらは がくに まぎれて めだたないよ。

はっぱ

くきや はっぱは こい みどりいろ。
- こい みどり

くき

しぜんの なかで さく あおい はなには、
オオイヌノフグリや ツユクサなどが あるよ。
バラや カーネーションは、あおい はなが さかないから、
いでんしを くみかえて つくるんだって。

8

| クリーム | うすきみどり | みどり | こいみどり | くろ | こげちゃ | ちゃいろ | オレンジ |

あおい むし

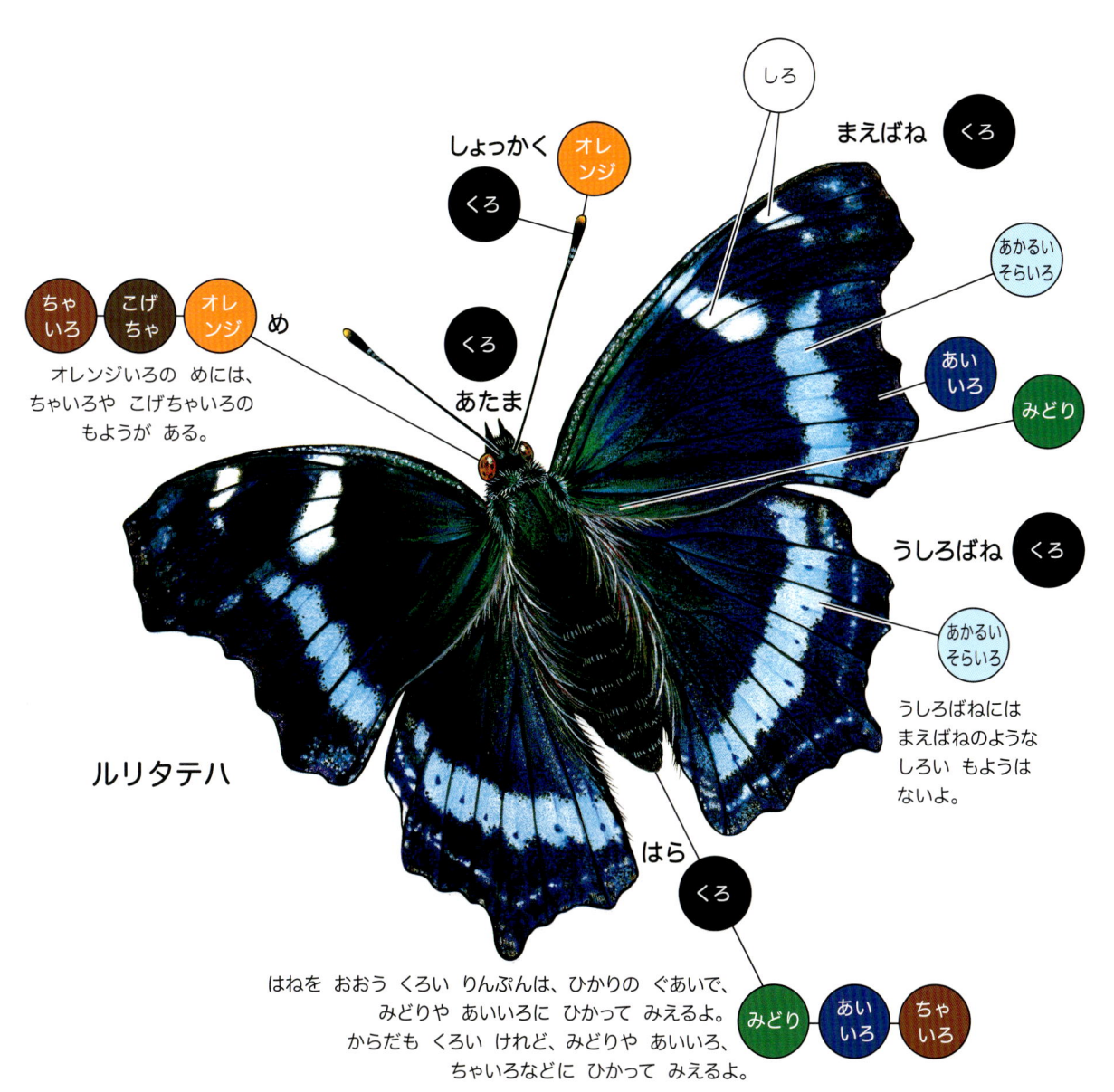

しろ

しょっかく オレンジ / くろ

まえばね くろ

あかるい そらいろ

あいいろ

みどり

ちゃいろ / こげちゃ / オレンジ　め

オレンジいろの めには、ちゃいろや こげちゃいろの もようが ある。

くろ

あたま

うしろばね くろ

あかるい そらいろ

うしろばねには まえばねのような しろい もようは ないよ。

ルリタテハ

はら くろ

はねを おおう くろい りんぷんは、ひかりの ぐあいで、みどりや あいいろに ひかって みえるよ。からだも くろい けれど、みどりや あいいろ、ちゃいろなどに ひかって みえるよ。

みどり / あいいろ / ちゃいろ

ルリタテハは、くっきりと した あおい もようの チョウ。
あおい いろの むしの なまえには、よく「ルリ」が つくよ。
ルリクワガタ、ルリボシカミキリ、ルリマルハラコバチなど、
どんな むしか、ずかんで しらべて みてね。

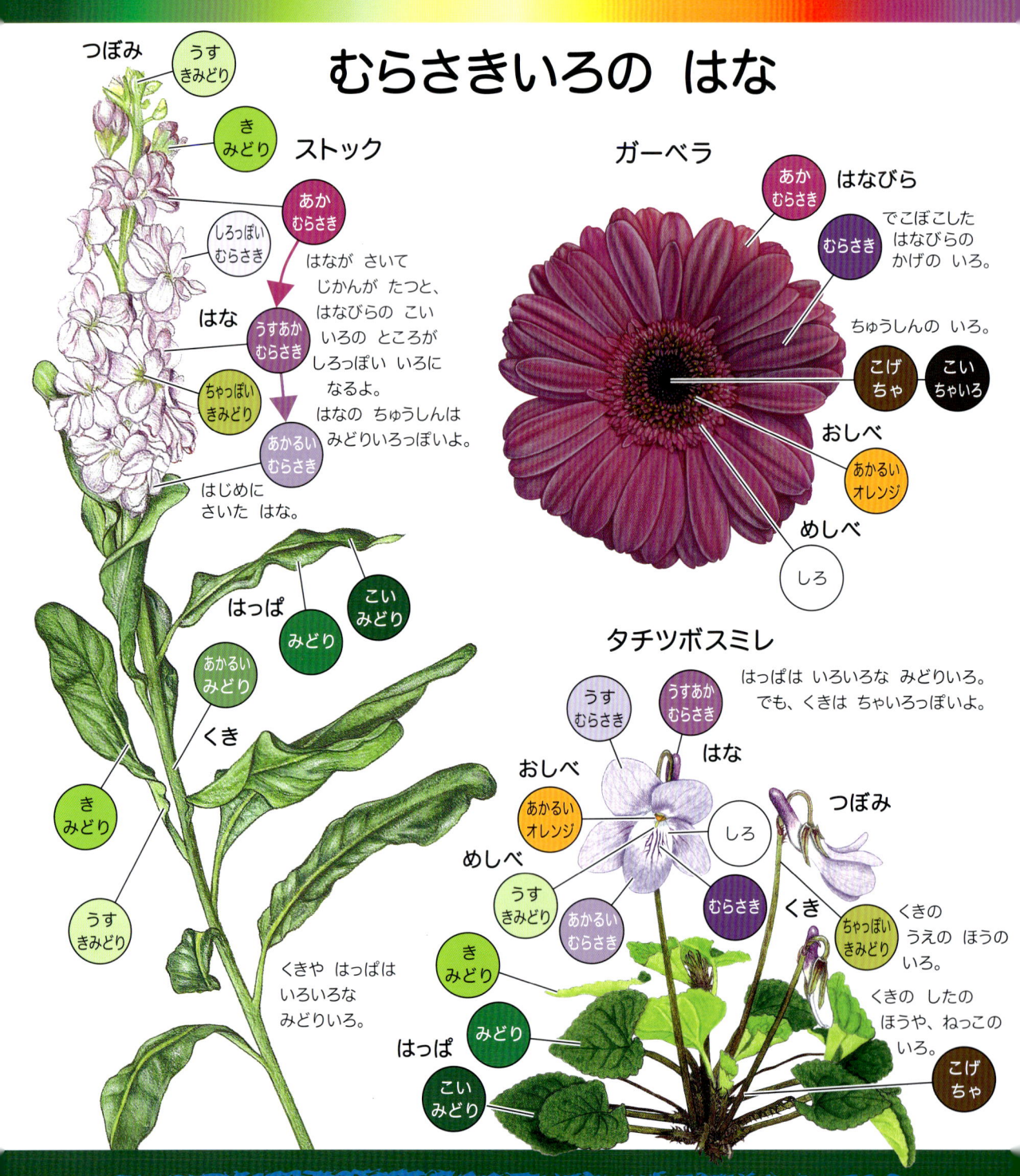

| こい みどり | みどり | あかるい みどり | き みどり | うす きみどり | うす レモン | クリーム | きいろ | あかるい オレンジ | オレンジ | あか | あか むらさき | うすあか むらさき |

むらさきいろの はな

ストック

- つぼみ
  - うすきみどり
  - きみどり
- はな
  - あかむらさき
  - しろっぽいむらさき
  - うすあかむらさき
  - ちゃっぽいきみどり
  - あかるいむらさき

はなが さいて じかんが たつと、はなびらの こい いろの ところが しろっぽい いろに なるよ。はなの ちゅうしんは あかるい みどりいろっぽいよ。

はじめに さいた はな。

- はっぱ
  - みどり
  - こいみどり
- くき
  - あかるいみどり
  - きみどり
  - うすきみどり

くきや はっぱは いろいろな みどりいろ。

ガーベラ

- はなびら
  - あかむらさき
  - むらさき

でこぼこした はなびらの かげの いろ。

ちゅうしんの いろ。
- こげちゃ
- こいちゃいろ

- おしべ
  - あかるいオレンジ
- めしべ
  - しろ

タチツボスミレ

はっぱは いろいろな みどりいろ。でも、くきは ちゃいろっぽいよ。

- おしべ
  - あかるいオレンジ
- めしべ
  - うすきみどり
  - あかるいむらさき
- はな
  - うすむらさき
  - うすあかむらさき
  - しろ
  - むらさき
- つぼみ
- くき
  - ちゃっぽいきみどり

くきの うえの ほうの いろ。

くきの したの ほうや、ねっこの いろ。
- こげちゃ

- はっぱ
  - きみどり
  - みどり
  - こいみどり

スミレは、みちばたなどに さく、
むらさきいろの はなの だいひょうだね。
はなやでは、がいこくの
いろいろな むらさきいろの はなが みられるよ。

| しろ | しろっぽい むらさき | うす むらさき | あかるい むらさき | むらさき | あお むらさき | くろ | こい ちゃいろ | こげちゃ | うす ちゃいろ | ちゃっぽい きみどり | うす きいろ |

むらさきいろの むし

オオムラサキ

メス / **オス**

- オレンジ — しょっかく：しょっかくの さきだけが オレンジ。
- くろ
- こげちゃ — めの もようの いろ。
- オレンジ — め
- きいろ — あし
- あか
- くろ — はら
- あか
- こいちゃいろ
- あおむらさき
- しろ
- きいろ
- こいちゃいろ
- きいろ
- うすきいろ
- こいちゃいろ
- うすきいろ
- こげちゃ

メスの はねは、ちゃいろっぽいよ。
- こげちゃ

さんらん
たまごは みどりいろ。

メスも オスも、はねの うらがわは きいろっぽいよ。
- うすレモン
- クリーム
- うすちゃいろ
- あか

オスが むらさきいろの はねを もつ、にほんの「こくちょう」、オオムラサキは、そだつ ばしょが すくない、めずらしい チョウだよ。

11

うす ちゃっぽい こい みどり くさ うす きみどり レモン きいろ クリーム しろっぽい うす ちゃっぽい やまぶき
ちゃいろ みどり みどり みどり みどり きいろ きいろ クリーム いろ

ピンクの はな、しろい はな

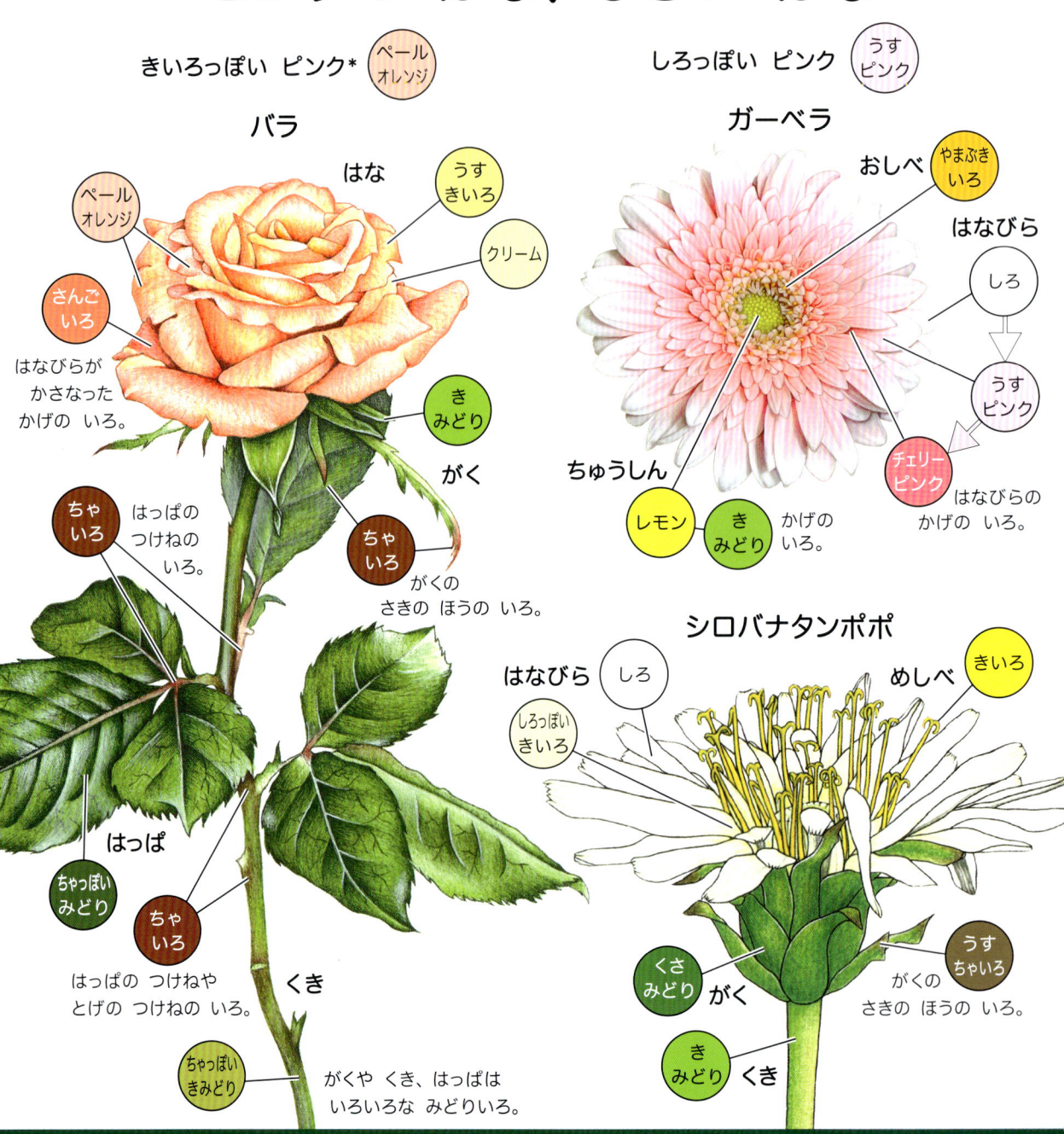

きいろっぽい ピンク* （ペールオレンジ）

バラ

- はな
  - ペールオレンジ
  - うす きいろ
  - クリーム
- さんご いろ … はなびらが かさなった かげの いろ。
- きみどり
- がく
  - ちゃいろ … がくの さきの ほうの いろ。
- はっぱ
  - ちゃいろ … はっぱの つけねの いろ。
  - ちゃっぽい みどり
  - ちゃいろ … はっぱの つけねや とげの つけねの いろ。
- くき
  - ちゃっぽい きみどり … がくや くき、はっぱは いろいろな みどりいろ。

しろっぽい ピンク （うすピンク）

ガーベラ

- おしべ
  - やまぶき いろ
- はなびら
  - しろ
  - うす ピンク
  - チェリーピンク … はなびらの かげの いろ。
- ちゅうしん
  - レモン
  - きみどり … かげの いろ。

シロバナタンポポ

- はなびら
  - しろ
  - しろっぽい きいろ
- めしべ
  - きいろ
- がく
  - くさみどり
  - うすちゃいろ … がくの さきの ほうの いろ。
- くき
  - きみどり

しぜんの なかで いちばん おおい はなの いろは しろ。

つぎに おおいのは きいろや むらさき。

ピンクの はなは すくないけれど、

かだんや はなやでは いろいろ みられるよ。

*ペールオレンジのような しろっぽい オレンジの ことを きいろっぽい ピンクとも いう。

| ペール オレンジ | さんご いろ | チェリー ピンク | マゼンタ | ピンク | うす ピンク | しろ | うすちゃ ピンク | オレンジ ちゃ | ちゃいろ | くらい ちゃいろ | くらい むらさき | くろ |

ピンクの むし、かがやく むし

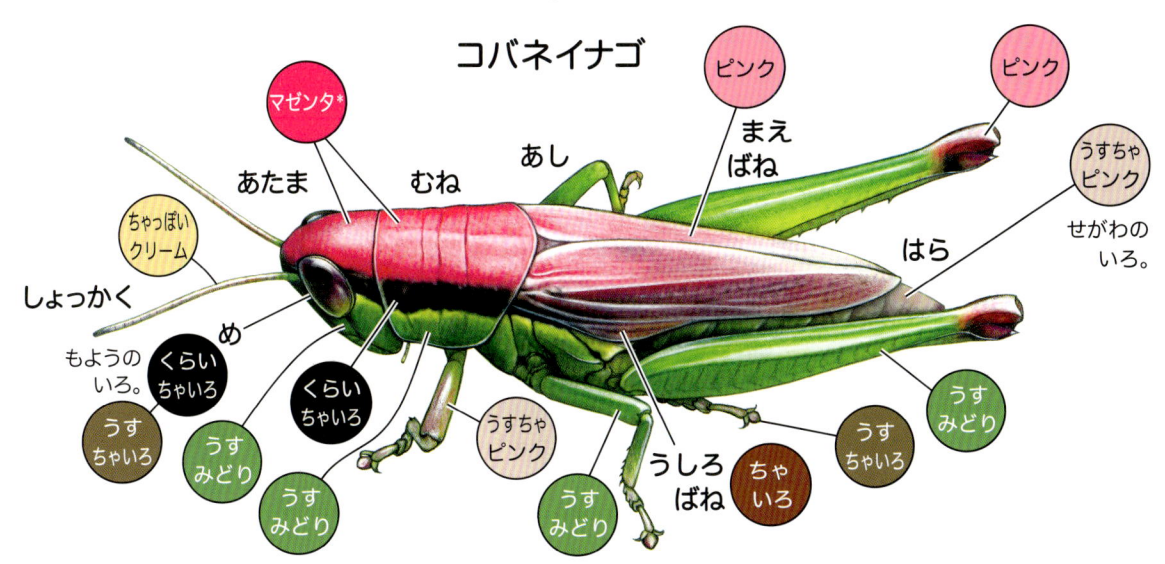

コバネイナゴ

- まえばね: ピンク、ピンク
- あたま: マゼンタ*
- むね: マゼンタ*
- あし: ピンク
- せがわのいろ: うすちゃピンク
- しょっかく: ちゃっぽいクリーム
- め: くらいちゃいろ
- もようのいろ: くらいちゃいろ
- うすちゃいろ
- うすみどり
- うすみどり
- うすちゃピンク
- うしろばね: ちゃいろ
- うすみどり
- うすみどり
- はら: うすちゃいろ
- うすみどり

コバネイナゴには 14ページのように、からだぜんたいが ちゃいろっぽい ものと みどりっぽい ものが いて、ときどき せがわが ピンクっぽい ものが みつかる。

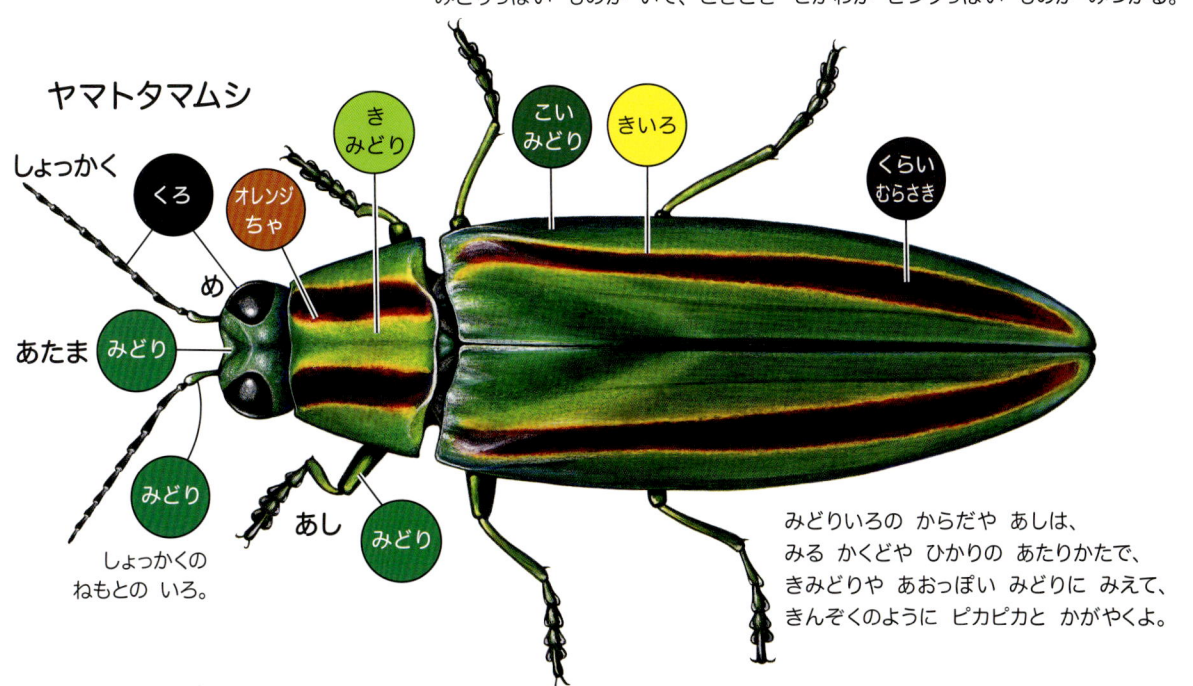

ヤマトタマムシ

- しょっかく
- くろ
- オレンジちゃ
- め
- あたま: みどり
- きみどり
- こいみどり
- きいろ
- くらいむらさき
- みどり
- しょっかくのねもとのいろ。
- あし: みどり

みどりいろの からだや あしは、みる かくどや ひかりの あたりかたで、きみどりや あおっぽい みどりに みえて、きんぞくのように ピカピカと かがやくよ。

ピンクの むしは、めずらしい。

タマムシのように、かがやく むしも すくないよ。

どんな ところに すんで いるのか、

ずかんなどで しらべて みよう。

*マゼンタは、こい ピンクいろ。

13

| あかるい オレンジ | あか | こげちゃ | ちゃいろ | おうど いろ | うすい おうど | ちゃっぽい きみどり | みどりっぽい うすちゃ | うす ちゃいろ |

ようちゅうの いろ、せいちゅうの いろ

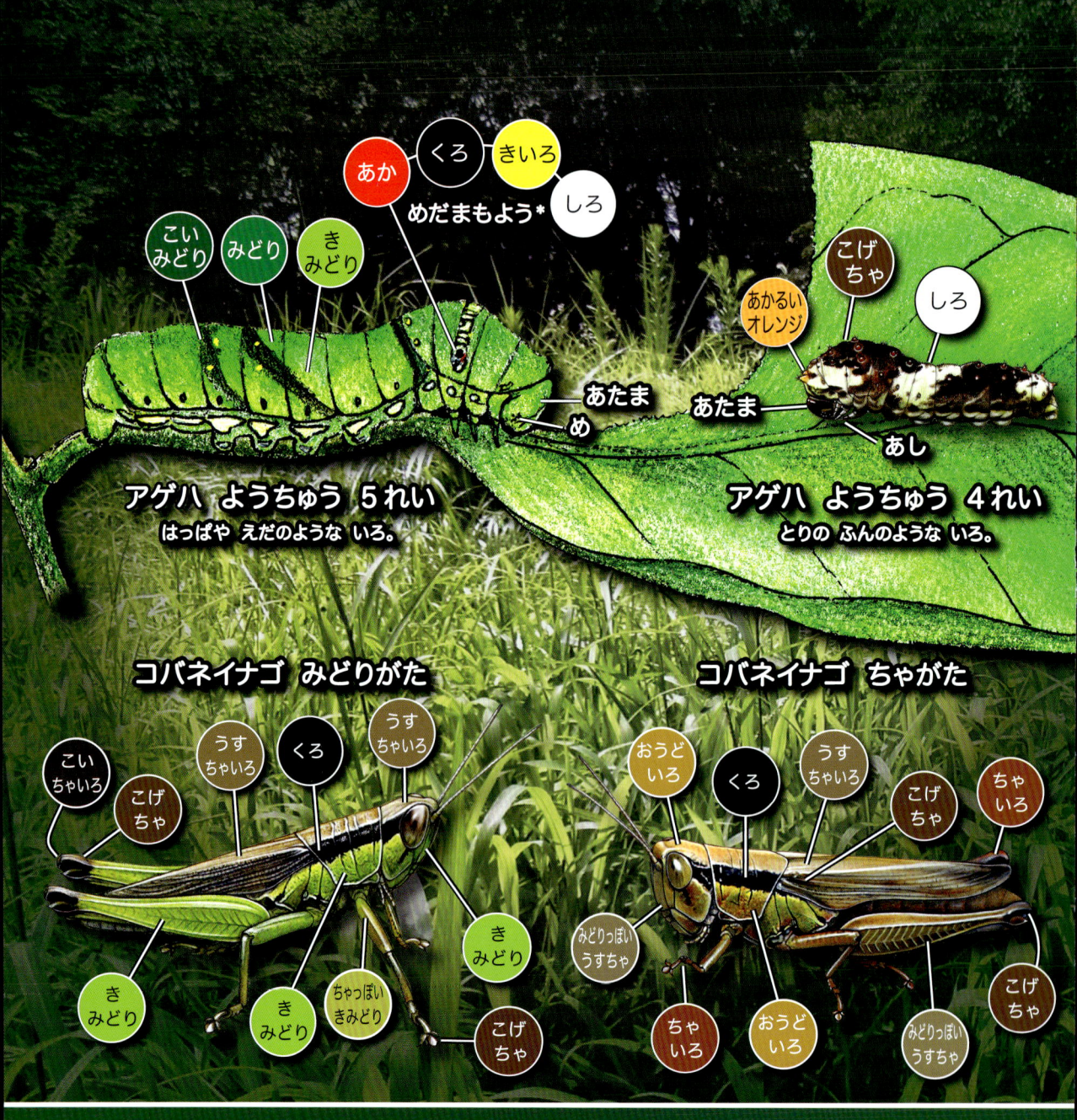

アゲハ ようちゅう 5れい
はっぱや えだのような いろ。

ラベル: こいみどり、みどり、きみどり、あか、くろ、きいろ、しろ、めだまもよう*、あたま、め

アゲハ ようちゅう 4れい
とりの ふんのような いろ。

ラベル: あかるいオレンジ、こげちゃ、しろ、あたま、あし

コバネイナゴ みどりがた

ラベル: こいちゃいろ、こげちゃ、うすちゃいろ、くろ、うすちゃいろ、きみどり、きみどり、き みどり、ちゃっぽいきみどり、こげちゃ

コバネイナゴ ちゃがた

ラベル: おうどいろ、くろ、うすちゃいろ、こげちゃ、ちゃいろ、みどりっぽいうすちゃ、ちゃいろ、おうどいろ、みどりっぽいうすちゃ、こげちゃ

アゲハの ようちゅうは、くろっぽい いろから、みどりいろに かわって、みどりや ちゃいろっぽい いろの さなぎに なるよ。さなぎの かたちで しばらく すごして、いろも かたちも ちがう チョウに なるんだ。

14　　*アゲハの 5れいようちゅうには、めのように みえる もようが ある。

| くろ | こい みどり | みどり | うす みどり | しろっぽい みどり | きみどり | きいろ | クリーム | しろ | あかるい そらいろ |

はっぱや つちの いろに まぎれる むし

くろ
クリーム

アゲハ せいちゅう

あかるい そらいろ
あかるい オレンジ

オオカマキリ ちゃがた
うす ちゃいろ

からだぜんたいが うすちゃいろで、
はねの いちぶだけが しろっぽいみどり。

しろっぽい みどり

うすい おうど

オオカマキリ みどりがた
うす みどり

からだぜんたいが うすみどりで、
しょっかくと、あしさきは ちゃいろっぽいよ。

うす ちゃいろ

バッタや カマキリの なかまは、からだの いろが、ようちゅうの ときから みどりいろや ちゃいろ。すむ ばしょに まぎれやすく なって いるよ。ようちゅうは せいちゅうと ほとんど おなじ かたちだけれど はねは ないよ。

| ちゃっぽい きみどり | ちゃっぽい クリーム | おうど いろ | うす ちゃいろ | くらい ちゃいろ | こい ちゃいろ | こげちゃ | ちゃいろ |

きや おちばの いろに まぎれる いきもの

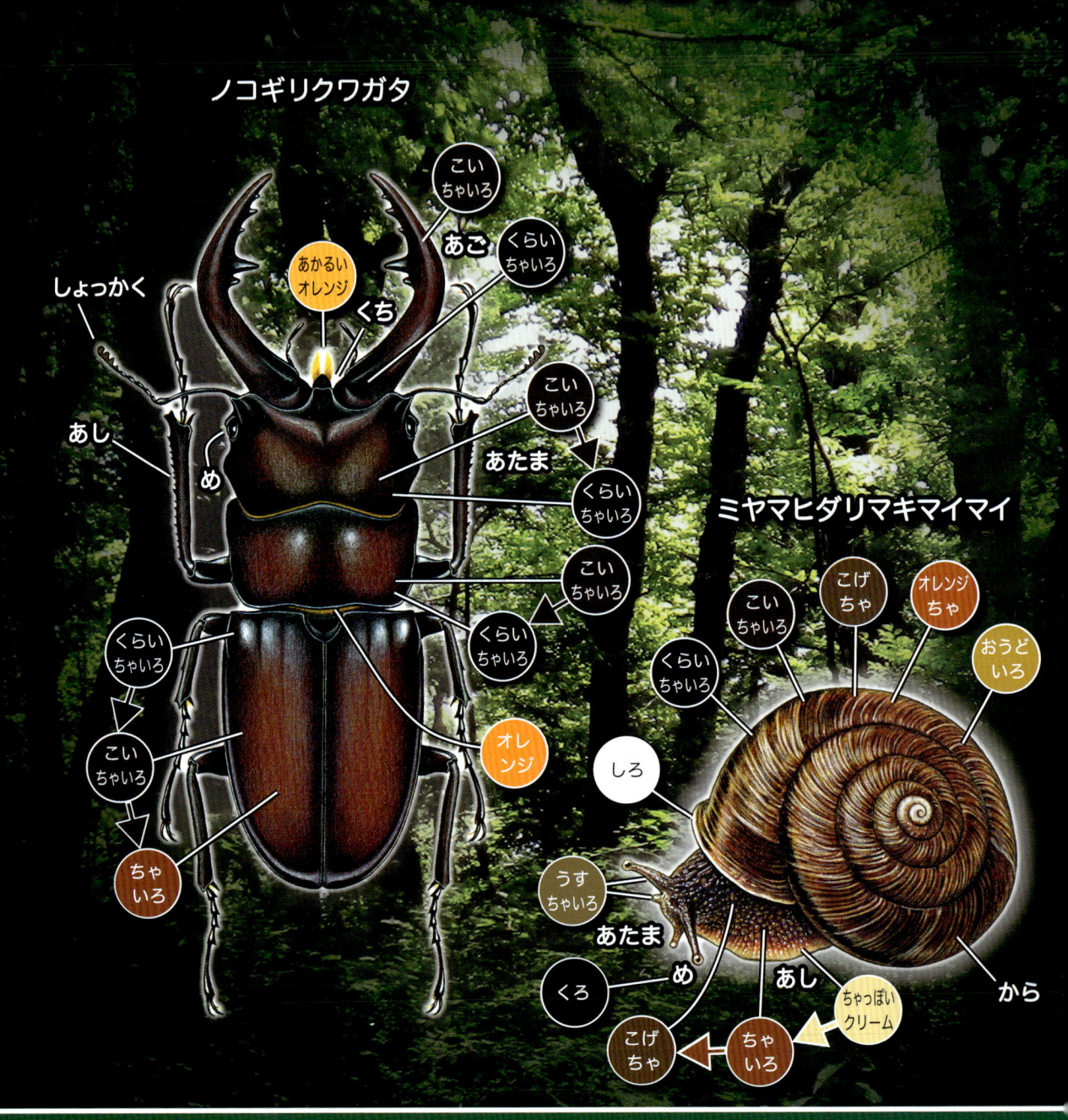

ノコギリクワガタ

- しょっかく
- あし
- め
- あご — こいちゃいろ / くらいちゃいろ
- くち — あかるいオレンジ
- あたま — こいちゃいろ / くらいちゃいろ
- こいちゃいろ / くらいちゃいろ
- オレンジ
- くらいちゃいろ → こいちゃいろ → ちゃいろ

ミヤマヒダリマキマイマイ

- こいちゃいろ
- こげちゃ
- オレンジちゃ
- おうどいろ
- くらいちゃいろ
- しろ
- あたま — うすちゃいろ
- め
- くろ
- あし — ちゃいろ → こげちゃ / ちゃっぽいクリーム
- から

もりに すむ クワガタムシや カタツムリは、ちゃいろっぽい。
きの みきや おちばに まぎれられる いろだよ。
しぜんの なかには ちゃいろっぽい いきものは おおい。
みぢかな いきものを かんさつして みよう。

| オレンジちゃ | オレンジ | あかるいオレンジ | しろ | うすきみどり | きみどり | くさみどり | くろ |

みどりに まぎれる むしや はな

ナナフシモドキ

あし
しょっかく
め — ちゃっぽいきみどり
あたま
からだぜんたい — きみどり

ホウチャクソウ
しろっぽい みどりいろの はなが さくよ。

くさみどり

しろ
うすきみどり
きみどり
はな

ナナフシの なかまは、
きのえだや くさの くきに いろや かたちが
にて いるので、みつけにくいよ。
みどりいろの はなが さく きや くさも あるよ。

| ちゃっぽい みどり | くらい はいみどり | はい みどり | うす はいみどり | はいじろ | みどりっぽい はいいろ | みどりっぽい うすちゃ | うす ちゃいろ | あかるい おうど | ペール オレンジ |

じゅえきが でて いる きの みきの いろ

クヌギ じゅえきで ぬれた ようす

コナラ
じゅえきの しろい あわ

じゅえきで ぬれた みきの いろ

（くらい ちゃいろ）

（うす ちゃいろ）

（うす ちゃいろ）

（くらい ちゃいろ）

（あかるい おうど）

じゅえきで ぬれた ところは こい いろに なるよ

（せきばん いろ）（はい じろ）（ちゃっぽい はいいろ）

じゅえきが でて いない ばしょの いろ

じゅえきが でる きは、クヌギや コナラなど、
あきに どんぐりが なる きが おおい。
じゅえきには、いろいろな むしが あつまって くる。
きけんな スズメバチも くるから、きを つけよう。

18

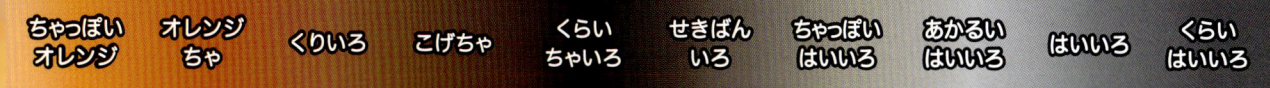

| ちゃっぽい オレンジ | オレンジ ちゃ | くりいろ | こげちゃ | くらい ちゃいろ | せきばん いろ | ちゃっぽい はいいろ | あかるい はいいろ | はいいろ | くらい はいいろ |

きの みきの いろを しらべて みたよ

イチョウ
- せきばん いろ
- はい じろ
- あかるい はいいろ
- ちゃっぽい はいいろ

サクラ
- せきばん いろ
- あかるい はいいろ
- ちゃっぽい オレンジ
- ちゃっぽい はいいろ

クロマツ
- コケの いろ
- ちゃっぽい みどり
- あかるい はいいろ
- はい いろ

うろこのような きの かわの あいだには、コケが はえて いる ことも ある。

アカマツ
- くらい はいいろ
- はい いろ
- オレンジ ちゃ

はいいろっぽい うろこのような きの かわが はがれると、あかっぽく なる。

ケヤキ
- みどりっぽい うすちゃ
- はい じろ
- ちゃっぽい はいいろ
- うす ちゃいろ
- こげちゃ

エノキ
- あかるい はいいろ

ぜんたいに あかるい はいいろ。

スギ
- くり いろ

みきぜんたいが ちゃいろっぽい きの かわで おおわれて いる。

スズカケノキ
- うす はいみどり
- はい みどり
- くらい はいみどり

きの かわの はがれた あとが、もように なって いる。

クスノキ
- こげちゃ
- うす ちゃいろ
- ちゃっぽい はいいろ

カリン
- ペール オレンジ
- ちゃっぽい みどり
- はい いろ
- ちゃっぽい オレンジ
- みどりっぽい はいいろ

シラカシ
- ちゃっぽい はいいろ
- あかるい はいいろ

ぜんたいに あかるい はいいろ。

モミ
- こげちゃ
- はい いろ
- あかるい はいいろ

きの みきは、はいいろっぽい ちゃいろ、はいいろっぽい みどり、いろいろな はいいろが おおかったよ。

きの みきが ちゃいろの きは、すくないんだね。

みぢかな ばしょの きの みきを、よく しらべて みよう。

| くろ | くらい ちゃいろ | こい ちゃいろ | くちば いろ | うすちゃ いろ | あかるい うすちゃ | しろっぽい うすちゃ |

はやしの ひかげには、くらい みどりの はっぱの いろや、こい ちゃいろの つちの いろ

ちゃっぽい みどり

こい みどり

くらい みどり

ひざしの ある ばしょ
しょくぶつが、
くりかえし はえて くる。

き みどり

ササの なかま
はっぱが
いちねんじゅう
みどりいろ。

あかるい みどり

うす ちゃいろ　しろっぽい うすちゃ

かれはの ふきだまり

いちねんじゅう はっぱが みどりいろの しょくぶつは、ふるい はっぱが いつのまにか かれ、わかい はっぱと こうたいする。 わかばには、あかるい みどりや きみどりが おおいけれど、 あかや ちゃいろの わかば*が でる しゅるいも あるよ。

*あかや ちゃいろの わかばの しょくぶつは めずらしい。みどりの はっぱが、あかや ちゃいろにかわったら、かれる。

| しろ | うすい おうど | き みどり | あかるい みどり | こい みどり | くらい みどり | ちゃっぽい みどり |

ちゃいろっぽい チョウ

- きの みき … うすちゃいろ
- かげの いろ … くらいちゃいろ
- ヒメジャノメ
- まえばね … うすちゃいろ / あかるいうすちゃ / しろっぽいうすちゃ
- めだまもよう … うすいおうど / しろ / くろ
- うしろばね
- はら
- くちばいろ*
- ササの なかまの しげみ … あかるいみどり
- ササの なかまの かれは … うすちゃいろ / しろっぽいうすちゃ
- ちゃっぽいみどり / うすちゃいろ / しろっぽいうすちゃ
- ササの なかまの かれた はっぱは、うすちゃいろや、しろっぽい うすちゃいろに なって、じめんに おちる。
- ひかげの つち … こいちゃいろ

はやしの なかや まわりの しげみには、ちゃいろや きいろ、はいいろっぽい いろを した めだまもようの チョウが いて、きの みきや つち、かれはの いろに まぎれて いるよ。

*「くちば」とは、くちた（くさった） はっぱの こと。おおくの おちばは、くさると ふようどのような くらい ちゃいろに なるよ。

| さんご いろ | ばらいろ | オレンジ | あかるい オレンジ | きいろ | しろっぽい きいろ | しろ | ちゃっぽい クリーム |

はなの みつを すう チョウ

イチモンジセセリ
- こげちゃ
- あかるい おうど
- しろ

ヒメアカタテハ
- あかるい おうど
- うす ちゃいろ
- くらい ちゃいろ
- さんご いろ
- ばらいろ
- しろっぽい きいろ
- しろっぽい きいろ
- しょっかくの さき
- うすい おうど
- くろ
- こげちゃ
- うす ちゃいろ

キバナコスモス

いろ あざやかな はなに、いろいろな おおきさの チョウが とんで きて、はなの みつを すって いるよ。 ちかくで みると はねの もようが めだつけれど、 とおくから みると はなに まぎれて みつけにくいよ。

| うすい おうど | あかるい おうど | うす ちゃいろ | こげちゃ | くらい ちゃいろ | くろ | うす みどり | ちゃっぽい きみどり |

くさむらに まぎれて えものを ねらう むし

ハラビロカマキリ

- しょっかく — うすい おうど
- からだぜんたい — うす みどり
- きいろ
- しろっぽい きいろ
- ちゃっぽい クリーム
- こげちゃ
- ちゃっぽい きみどり
- あかるい オレンジ
- オレンジ
- きいろ

| こげちゃ | おうど いろ | ちゃっぽい オレンジ | オレンジ ちゃ | くらい あか | あか | オレンジ |

あかい はっぱ、きいろい はっぱ、みどりいろの ままの はっぱ

- きいろ
- オレンジちゃ ／ きの しゅるいなどで、こうようする いろが ちがうよ。
- おうどいろ
- ちゃっぽいオレンジ ／ カエデ
- くらいみどり ／ ジンチョウゲ
- くらいあか
- ちゃっぽいみどり

はっぱが かれて ちる まえに、あかや きいろ、オレンジ、ちゃいろなど、いろいろな いろに かわる ことを、「こうよう」と よぶ。1ねんじゅう みどりいろの はっぱを つけた、こうようしない しょくぶつも あるよ。

| きいろ | き みどり | こい みどり | くらい みどり | ちゃっぽい みどり | ちゃっぽい きみどり |

あきの はっぱは いろいろな いろ

オレンジ
きいろ
カエデ

あか
カエデ

オレンジちゃ
ケヤキ

き みどり
ちゃっぽい みどり
オレンジちゃ
カエデ

カエデの こうようは しゅるいに よって、いろいろな あかや オレンジ、きいろっぽい いろに なるよ。

おうどいろ
きいろ
ちゃっぽい きみどり
ちゃっぽい みどり
ケヤキ

ちゃっぽい みどり
カキ

くらい あか
オレンジちゃ
こげちゃ
カキ
いろいろな いろの おちばに なるよ。

きいろ
おうどいろ
ちゃっぽい きみどり
ちゃっぽい みどり
ヤマブキ

こい みどり
1ねんじゅう みどりいろ
クマザサ

こうようしたり、しなかったり。こうようした はっぱも ぜんたいが おなじような いろに なったり、すこしずつ ちがう いろに なったり。いろいろな いろの はっぱが あるから、あつめて くらべて みよう。

25

| ちゃいろ | ちゃっぽい うすきみどり | ちゃっぽい きみどり | ちゃっぽい みどり | きみどり |

ピンクの はな、ちゃいろの わかば

やえの はな

4 ひらききった はな — うすピンク

ちゃいろ

きみどり — くき

1 つぼみ — マゼンタ

3 ひらいた はな — うすピンク

2 さいた ばかりの はな — マゼンタ — ピンク

1 ちゃいろ わかば
だんだん みどりに かわって いくよ。

2 はっぱの さきの ほうから きいろっぽく なる。

3 はっぱ ぜんたいが きいろっぽく なる。— ちゃっぽい うすきみどり

4 ぜんたいが きみどりっぽく なる。— ちゃっぽい きみどり

5 ちゃっぽい みどり

サクラの なかま

サクラには ピンクや しろ、うすきみどりの はなが ある。
こい ピンクの はなが、だんだん うすピンクに かわったり、
はなが さく ときに、みどりいろや ちゃいろ*の わかばが
いっしょに でて くる しゅるいも あって、ふしぎなんだ。

*わかばの おおくは、あかるい みどりいろ。わかばが ちゃいろの しょくぶつは すくないよ。

うすきみどり　しろ　うすいさくらいろ　うすピンク　ピンク　マゼンタ

サクラの はなの いろいろ*

ちゃいろ わかば
ピンク **マゼンタ** やえの はな

きみどり わかば
ひとえの はな **しろ**

うすピンク わかば
ちゃっぽいみどり
つぼみ **マゼンタ**

うすい さくらいろの はなと、うすピンクの つぼみの サクラは、とおくから みると、はなびらだけを みるよりも、ぜんたいに ピンクに みえる。

うすいさくらいろ **うすピンク**
ひとえの はな
つぼみ

きみどり わかば
うすきみどり
やえの はな

ちゃいろ **うすいさくらいろ**
わかば **ピンク**
マゼンタ やえの はな

ひとえの はな
つぼみ
うすピンク
ピンク

うすピンク **ピンク** つぼみ
ひとえのはな

やえの はな
きみどり **うすきみどり**

サクラの はなには、はなびらが 5まいの ひとえ、10まい いじょうの やえが ある。みどりいろの はなは、めずらしい けれど、ていえんなどに あるよ。はなの いろの かわりかた、はっぱの でかたにも ちゅういして、かんさつして みよう。

*むかしから いろいろな しゅるいの サクラが さいばい されて いるよ。

ヒトが みて いる ひかりの いろ

あか　　　　　　　　　　みどり　　　　　　　　あお

ヒトが みて いる はなの いろ

キクの なかまの はな　きいろ

おしべ　あかるいオレンジ

めしべ　きいろ

ヒトは、あか、みどり、あおの さんげんしょくの ひかりが
まざりあった いろだけを みて いる。
むしや とり、はちゅうるいは、さんげんしょくと しがいせんが
まざりあった いろや もようを みる ことが できる。

← ヒトには みられない いろだから、あかるいか くらいかしか あらわせない →

むしが みて いる はなの もよう

しがいせんを
はんしゃして いる。

しがいせんを
きゅうしゅうして いる。

みつひょう
みつの ありかを
あんないする もよう。

◀ さんげんしょくの しゃしん ▶	◀ しがいせんの しゃしん

きいろ
べにいろ

ベゴニアの なかま

きいろ
しろ

> はなの いろが あかと しろで まったく ちがって いても、
> しがいせんの しゃしんでは、おなじように くろっぽく うつる。
> はなの しゅるいに よって、みつひょうが かわるようだけれど、
> くわしい ことは、わかって いないんだ。

← さんげんしょくの しゃしん → ← しがいせんの しゃしん →

うすあかむらさき
しろ
きいろ
ランタナの なかま

ちゃっぽいきみどり　はな
ちゃっぽいオレンジ　け
エノコログサの なかま

　かふんを むしに はこんで もらう しょくぶつは、
しがいせんの しゃしんでは みつが ある ばしょが くろっぽい。
　かふんを かぜに はこんで もらう エノコログサは、
くきは くろっぽいけれど、ちいさい はなは しろっぽいね。

31

← さんげんしょくの しゃしん → ← しがいせんの しゃしん →

いきものたちは、どう うつるかな？

スジグロシロチョウ オス　　メス
しろ

モンキチョウ オス　　メス
レモン

アゲハ オス　　メス

カメレオンの なかま
あか
そらいろ
あかるい そらいろ

チョウの オスと メスを、しがいせんしゃしんで うつしたよ。
チョウの しゅるいごとに もようの うつりかたが ちがうけれど、
どうやら しがいせんを りようして いるみたいだね。
ほかの いきものは どうだろう？

← さんげんしょくの しゃしん → ← しがいせんの しゃしん →

カエルの なかま
- こげちゃ
- しろ
- あかるい おうど

ヤモリの なかま
- おうどいろ
- こいちゃいろ
- ちゃっぽい きいろ
- うす きいろ

ヘビの なかま
- ちゃっぽい きいろ
- しろ

むし、はちゅうるい、りょうせいるいなどが みている しがいせん。
ヒトには おなじような いろに みえる ヤモリと ヘビの
きいろは、しがいせんでは うつりかたが かわるから、
きっと ちがう いろに みえて いるんだろうね。

33

さんげんしょくの しゃしん

ほにゅうるいの からだの いろ

しろ
くろ
うす ちゃいろ
ちゃいろ
こげちゃ

しがいせんの しゃしん

ほにゅうるいは みんな、しがいせんが みえないんだ。
チョウや ヘビと ちがって、ほにゅうるいの からだには、
あかや きいろなどの あざやかな いろも みられない。
しがいせんで みても、もようは おなじようだよ。

さんげんしょくの しゃしん

ヒトは、どうかな？

うえの しゃしんを、ひかりの いろごとに パソコンで わけた ようす

| せきがいせん | あかい ひかり | みどりの ひかり | あおい ひかり | しがいせん |

ヒトの はだは、しがいせんを きゅうしゅうして、くらく うつる。
だから、たいようの ひかりが つよい きせつには、
やけどに なって しまう ことが あるよ。
そとで すごす ときには、きを つけようね。

← さんげんしょくの しゃしん → ← しがいせんの しゃしん → ← せきがいせんの しゃしん →

せきがいせんしゃしんでは、はっぱが あかるく みえる

しばふ・きみどり
こげちゃ・つち
おうどいろ・かれくさ

こうよう
オレンジちゃ
きいろ
ちゃっぽいみどり

こうよう
オレンジちゃ
きいろ
くらいあか
みき・はいじろ

こうよう
くらいあか
ちゃっぽいオレンジ
きいろ
ちゃっぽいきみどり

はっぱは、せきがいせんを はねかえすから あかるく、
しがいせんは きゅうしゅうするから くろっぽく うつる。
あかや きいろの はっぱと、みどりの はっぱを せきがいせんや
しがいせんの しゃしんで みると、いろの ちがいは わからない。

36

←さんげんしょくの しゃしん→ ←しがいせんの しゃしん→ ←せきがいせんの しゃしん→

ひかりに よっては、みえなく なる ことも ある

いんさつぶつや ペンキで ぬった かんばんは、しがいせんでは みえない。むしは、しがいせんの ある ひかりに あつまる。あざやかな ネオンサインや でんこうけいじばん、しんごうは しがいせんでは まっくろ。だから むしは あつまらないんだね。

*しゃしんの きいろしんごうの ひかりには、せきがいせん しゃしんに うつる はちょうが あったよ。

色の見え方

文・図・写真／伊藤 啓

ものを見るとき、私たちの目や脳は、どのように色をとらえて感じているのでしょう？

自分の目や脳が感じた色を、ほかの人に伝えるのは困難です。そこで私たちは、多くの人が同じように感じる一定の範囲の色につけた「色名」という呼び名で、自分が見た色をほかの人に伝えます。

たとえば、多くの色がふくまれた虹のはしの方の似たように感じられる部分を「あか」と呼べば、ことばで色が表せるので、色の感じ方を多くの人と共有できます。

色の感じ方が違う人たち

私たちの姿かたちが人それぞれ違うように、色の感じ方も違います。とくに、目の中の光を感じる細胞がほかの多くの人と違うために、色の感じ方が異なる人は、日本だけで300万人以上、全世界には数億人もいます。これらの人は、多くの人には正反対の色に感じられる赤と緑を似た色に感じたり、黄緑と黄色、茶色と深緑、青と紫、灰色とピンクなどの組み合わせが、同じような色に感じたりします。逆に、緑と青緑のように多くの人には同じように見える色が、異なる色覚の人には全く違う色に見えることがあります。

色の感じ方が違うことと、色を扱う才能とは関係ありません。画家、絵本作家、デザイナー、科学者などでも一般の色覚と異なる人はおおぜい活躍しています。しかし、どのような色を同じように感じるかが違うので、一般の人の色の感じ方に基づいてつけられた色名は使いづらく、困ります。

この本の特徴

私も、一般とは異なる色覚の持ち主です。身近な生き物や植物が何色で、どことどこが違う色なのかがわからないことがあって、身近な色をくわしく説明した本が欲しいと思っていました。

また一般色覚の人も、細かいところの色に気づいていなかったり、「木の幹は茶色」というような単純な見方をしたりしてしまうことがあります。

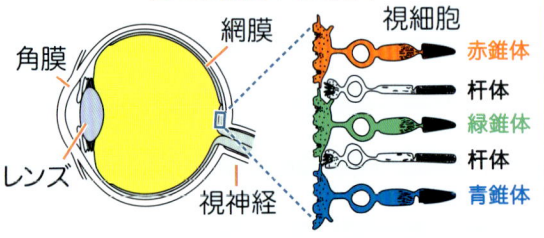

そこでこの本では、身近なものの色を説明するために、次のように工夫をこらしました。

1. 2-3ページでは、色の名前や色のグループ、この本の中の色の名前などを見て、色の大まかなとらえ方がわかるようにしました。
2. 各ページの上の色帯では、色のなかま分けや、隣同士の色の混ざり方を示しました。
3. 4-13ページでは、身近な生物の色を、色が見えやすいように白い背景の上で示し、どこにどのような色があるのかを説明しました。
4. 14-27ページでは、生物やそれらがすむ環境に、どのような色があるかを説明しました。
5. 28-37ページでは、昆虫などには見えて人には見えない紫外線で、生物などを見たようすを示しました。
6. 44-47ページでは、一般と異なる色覚を持つ画家が個性をいかして描いた絵を紹介しました。

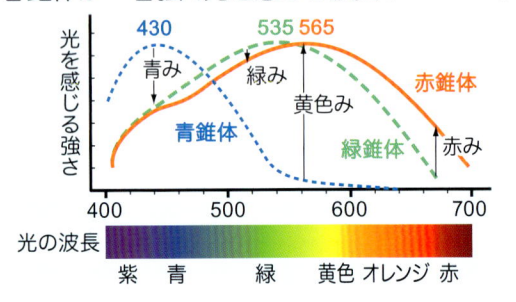

色が見える仕組み
光を感じる目の細胞

光は「電磁波」の一種です。電磁波には長い波長

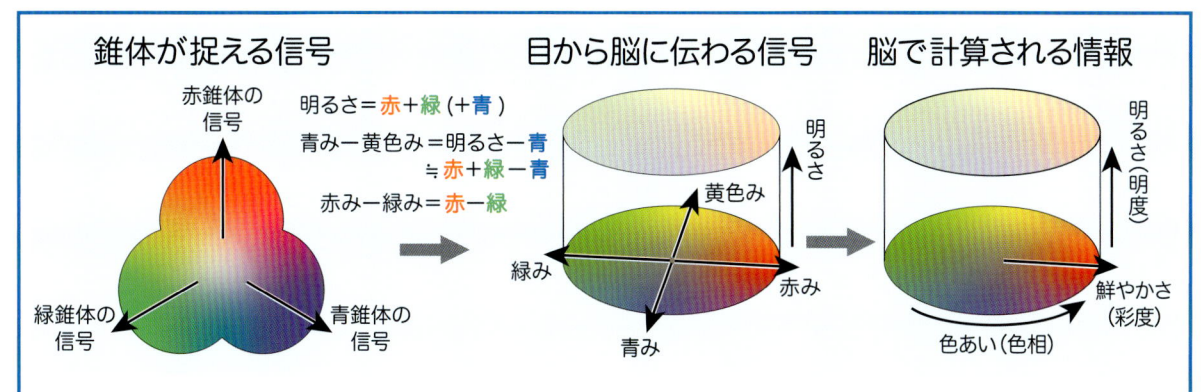

から短い波長までさまざまなものがあって、私たちの目は、だいたい400ナノメートルから700ナノメートルくらい（1ナノメートルは100万分の1ミリメートル）の波長の電磁波（可視光）を感じ取れます。

私たちの目の奥にある網膜には、この光を感じる細胞がたくさん並んでいます。どんなときでもものが見えるように、この細胞には明るいところで働く錐体細胞と、暗いところで働く杆体細胞の2種類があります（左ページの図）。

杆体細胞は、ろうそくのような非常に弱い光も感じ取れます。しかし杆体細胞は1種類なので、どの細胞も同じように反応し、ものの形だけを伝えて色を伝えません。

錐体細胞は数百万個あり、左ページの図のように3種類に分かれ、赤錐体は主に長い波長の光、緑錐体は主に中くらいの波長の光、青錐体は主に短い波長の光を感じています（青錐体は全体の数パーセント、多くが赤錐体と緑錐体です）。脳は目に映るものの色に対して、これらの3種類の細胞が反応する強さを比べることで、色を認識します。

光の情報を比較して色を計算する

目は、赤・緑・青の3種類の錐体でとらえた光の信号を、まず「明るさ」「青み－黄色み」「赤み－緑み」の情報に置きかえます。

明るさの情報は、目で見る景色の中のどこが明るく、どこが暗いかを示すとともに、ものの形や動きをとらえるのにも使います。明るさの信号は3つの錐体の信号を足し合わせるので、主に赤錐体と緑錐体の信号の合計になります。赤と緑の錐体がどちらも強く反応する黄色が、いちばん明るく感じられます。

色の情報は、異なる錐体の信号の引き算です。まず、明るさの信号から青錐体の信号を引いたのが、「青み－黄色み」の情報になります（上図）。

明るさに対して青錐体の反応が強いほど青みを強く感じ、弱いほど黄色みを強く感じます。反応の強さによって青と黄色のどちらかが決まるので、青みと黄色みの両方を同時に感じることはありません。そのために、青と黄色が反対の色に感じられます。

いっぽう、赤錐体の信号から緑錐体の信号を引いたのが、「赤み－緑み」の情報になります。どちらの錐体の反応が強いかで決まりますから、両方の色みを同時に感じることはありません。そのために、赤と緑が反対の色に感じられます。

目から情報を受け取った脳では、「明るさ（明度）」の信号はそのまま使いますが、「青み－黄色み」「赤み－緑み」の信号は、さらに計算をします。色の種類に関係なく、これらの信号がどれくらい強いかを計算したのが、「色の鮮やかさ（彩度）」です。また、どの色みの信号がいちばん強いかを計算したのが、「色合い（色相）」です。すべての色は、明度・彩度・色相の3つの情報で表すことができます。

色と色名

工業製品や塗装ペンキの色を選ぶときには、明度・彩度・色相を示す3つの値で指定します。パソコンの画面の色は、赤・緑・青の強さを示す3つの数字で指定し、テレビや録画ディスクは、画面のそれぞれの点の色を明るさ・青み－黄色み・赤み－緑みの3つの数字で記録します。

これに対して人間は、色を「色名」で認識します。色には無数の色彩があって連続していますが、どこからどこまでを区切ってひとつの色名にするのかは、民族や国・地域などの文化によって違います。

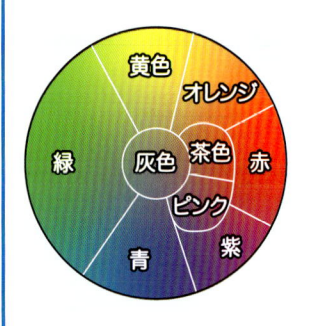

広い範囲を示す色名　　　狭い範囲を示す色名

2ページで説明したように、大昔の日本語では色を、「あか・あお・くろ・しろ」の4つに分けていました。その後中国から漢字が伝わって、緑や黄色、茶色、紫なども分けるようになりました。

また、私たちは、虹の色を「赤・オレンジ・黄色・緑・青・藍色・紫」の7色にとらえます。それに対して欧米では、藍色やオレンジを分けず、5色か6色に分けるのが普通です。

広い範囲を示す色名と狭い範囲を示す色名

黒・灰色・白や、赤・オレンジ・黄色・緑・青・紫・茶色・ピンクなどの色名は、ある程度の広がりのある、さまざまな色をまとめて呼ぶのに使われます（上図の左はし）。

その中の色をより細かく表現するには、「明るい」「暗い」「濃い」「薄い」などの言葉を補ったり、「黄緑」や「青緑」のように隣にある色の名前を補ったりします。

これに対し、もっと狭い範囲の色だけを表現するのに使われる言葉もたくさんあります。たとえば「赤」には、朱色、べに色、ひ色、えんじ、すおう、ベンガラなど、「黄色」にも、山吹色やレモンなどがあります（上図の右3図）。これらの特別な色名は、その色を持つ植物や動物、絵の具の原料などの名前にちなんだものが多いのが特徴です。

色の見え方の多様性

赤・緑・青の3種類の錐体は、それぞれ違う遺伝子の働きで作られます。これらの遺伝子には人によってさまざまなタイプがあり、すべての人が3種類の錐体を持つわけではありません。

たとえば、赤錐体を作る遺伝子がない人は、波長が長い光を感じる力がほかの人よりも弱いので、赤が明るい色ではなく暗い色に見えます。また、赤錐体と緑錐体の信号の引き算の差がほとんどないので、色を感じる時に赤み－緑みの情報をうまく使えません。赤錐体の不足分は緑錐体が増えているので、細かい形を見分ける視力への影響はありません。

緑錐体を作る遺伝子がない人は、波長が長い光は十分に感じることができるので、赤を暗く感じることはありません。しかし、赤錐体と緑錐体の信号の引き算ができないので、赤み－緑みの比較は苦手です。

ほかにも、赤錐体や緑錐体の遺伝子が中間の性質を持つ細胞を作る遺伝子に変化している人がおり、同じように赤み－緑みの比較が苦手です。

異なる色覚を持つ人は男性に多い

赤錐体と緑錐体を作る遺伝子は、どちらもX染色体の中にあります。

男性はX染色体を1本しか持っていないので、赤錐体や緑錐体の遺伝子のどちらかがなくなったり、中間の性質になったりすると、それがそのまま色の見え方に影響します。

いっぽう女性は、X染色体を2本持っているので、片方の染色体に赤錐体や緑錐体の遺伝子がなくても、色の見え方に影響が出ることはありません。

このため一般と色覚が異なる人は男性に多く、日本では20人に1人くらいの割合です。40人学級の各クラスに平均1人は、ほかの児童とは異なる色覚を持つ男子児童がいることになります。

女性の場合は数百人に1人で、学校全体に1人か2人いることになります。

ヨーロッパではさらに比率が高く、平均して男性の12人に1人、フランスなど一部の国では男性の10人に1人です。

色覚によって、見分けにくい色

目から脳に伝わる情報は、明るさ・青み－黄色み・赤み－緑みの3種類だと前に説明しました。

目から脳へ伝わる情報
3つの情報の伝わり方の違い（イメージ図）

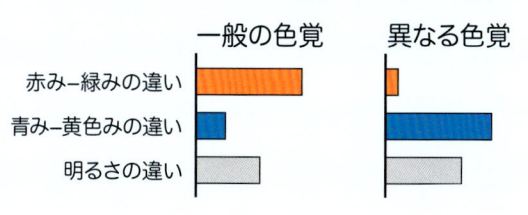

	一般の色覚	異なる色覚
赤み－緑みの違い		
青み－黄色みの違い		
明るさの違い		

一般と色覚が異なる人は、このうち赤み－緑みの情報がないか、差が小さくなっているのが特徴です（上図）。そのために、明るさと青み－黄色みがほぼ同じで、赤み－緑みだけが異なる色は、一般の人には違う色に感じられますが、色覚が異なる人には同じような色に感じられます。

たとえば、紅葉している葉と紅葉しない葉（赤と緑）、枯れ葉と新緑（黄色と黄緑）、チョコレートとクリスマスツリー（茶色と深緑）、ツユクサとスミレ（青と紫）が同じような色に見えたり、サクラ（うすいピンク）が灰色に感じられたりします。

区別しにくい赤と緑　区別しやすい赤と緑

一般的に使われる赤と緑 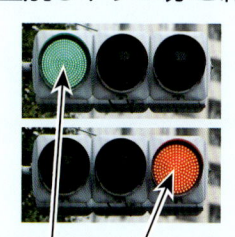　　青みの強い緑　黄色っぽい赤

しかし、赤み－緑みの区別がつかなくても、青み－黄色みが異なっていれば、容易に区別ができます。たとえば交通信号機では、「進め」と「止まれ」に赤と緑が使われていますが、異なる色覚でも2色の区別に困ることはほとんどありません。

信号機の色は、よく使われる赤や緑に比べて赤信号は黄色っぽく、緑の信号は青みが強くなっています。青み－黄色みの差が大きいので、異なる色覚の人にも区別がしやすいのです（左下右図）。

色覚によって、見分けやすい色

目に入る情報は膨大で、脳はその全部を処理できるわけではありません。情報の多くは、処理しきれずに捨てられてしまいます。

色を見分けるとき、多くの人にとっては赤み－緑みの違いが特に重要で、それに比べると青み－黄色みの違いや、明るさの違いは軽視されがちです。たとえば、緑と青緑はほぼ「同じような色」に感じられますし、暗い緑も明るい緑も緑です。

ところが色覚が一般と異なる人は、赤み－緑みの違いがわかりにくいぶん、青み－黄色みの違いや明るさの違いによって色を見分けます。そのため、緑と青緑は全然違う色に見えます。また、明るさが少しでも違うと、大きく違って感じられます。

この特徴がよくわかるのが、石原表と呼ばれる色の見え方の検査表です（下の図はその一例）。

色覚が異なる人にだけ数字が読める
石原検査表*

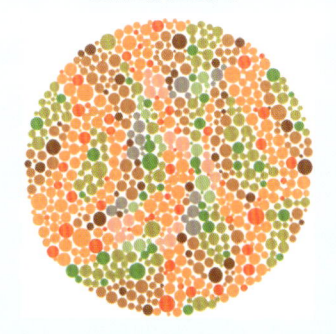

上図を三原色に分解したようす
赤の光の濃淡　緑の光の濃淡　青の光の濃淡

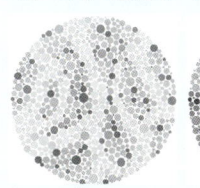

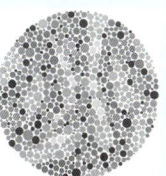

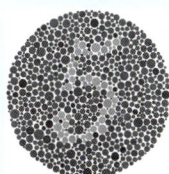

上の図は、多くの人には抽象的な模様が見え、異なる色覚の人には数字の5が見えます。その理由は、5が青の光の濃淡で描かれているからです。

*図は公益財団法人 一新会より許可を得て、『石原総合色覚検査表（現在、石原色覚検査表Ⅱ）』（はんだや）の中から転載。ただし複製のため印刷の色調は多少異なります。厳密な色管理がされた正式な検査表以外は、色覚の判定には使えないので注意。

一般色覚の人は赤や緑の濃淡で描かれた模様に目が行き、青の濃淡に気づきません。一般色覚と異なる人は赤や緑の濃淡に目が行かず、青の濃淡で描かれた5を読むのです。

　石原表は戦前の日本で開発され、徴兵検査で一般色覚とは異なる人を不適性とするために使われました。いっぽうアメリカ軍やイギリス軍は、一般の人には見えないものが見える多様な色覚があることを石原表で知り、カモフラージュした陣地や敵兵を見破るために、異なる色覚を持つ人を偵察兵や狙撃兵に積極的に採用しました。特徴を積極的にいかさず、枠に合わない人をふるい落とす日本の排他的な考え方は、一般とは異なる色覚を持つ人々やその家族を、その後も長く苦しめました。

色覚と色名

　色名とは、「多くの人が同じように感じられる一定の範囲の色につけた呼び名」だと説明しました。

　色覚の異なる人は、一般の人には全然違う色に見えるものが似たように見えたり、逆に一般の人には似たように見える色が、大きく違って見えたりします。このため色覚の異なる人は、ものの色を見ても、それを何色と表現したらいいのかわからなかったり、違った色名を言ったりすることがあります。また、絵を描くときに色鉛筆や絵の具の色だけを見て色を選ぶと、一般の人には変に感じられる色で塗ってしまうことがあります。

　空は青、草原や木の葉は緑、木の幹は灰色や茶色、土は茶色、アスファルトは灰色というように、大まかな色名を覚えておいて、色鉛筆や絵の具のチューブに書かれた色名を確かめながら塗ると、この「色違い」が起きにくくなるのです。

色覚の違いは障害や異常ではない

　色覚が一般とは異なることを役所の書類や医学用語では、色覚障害（異常）と呼ぶことがあります。

　色の感じ方が、遺伝子で決まるのは血液型と似ています。血液型ではA型遺伝子とB型遺伝子の両方持っている人がAB型、一方だけを持つ人がA型やB型、どちらも持たない人がO型です。

　では、遺伝子を全部持っているAB型の人だけを健常と呼び、それ以外の人は遺伝子が欠けているので血液障害と呼ぶのでしょうか？

　あるいは、人数が一番多いA型の人だけを正常と呼び、ほかの人は血液異常と呼ぶのでしょうか？

　人間は2万個以上の遺伝子を持っています。その多くが人によって驚くほど多様であることが、最近のゲノム研究でわかってきました。

　4つの血液型がどれも障害や異常ではないのと同様に、色の感じ方だけではなく、遺伝子で決まるほかのさまざまな身体的特徴についても、一部のタイプの人だけを正常と呼び、ほかのタイプの人を障害や異常とは呼べません。

　すべての人が、多様なタイプの中の一人なのです。

色の見え方の進化

　色を見分けることができるのは、私たち人間だけではありません。最後に、色を感じる仕組みがどのように進化してきたのかを見てみましょう。

赤・緑・青・紫外の4種類の錐体

　私たちの仲間である哺乳類をふくむ脊椎動物と、昆虫をふくむ節足動物の姿は全然違いますが、体を作る遺伝子は驚くほどよく似ています。目の中で光を感じる細胞を作るのに使われるさまざまな遺伝子もほとんど同じで、脊椎動物も昆虫も多くが赤・緑・青・紫外の光を主に感じる4種類の目の細胞を持っています（右ページの図）。

哺乳類の赤錐体と紫外錐体の退化

　脊椎動物の仲間は、魚類・両生類・爬虫類（はちゅうるい）・鳥類と進化してきました。

　今から2億年ほど前に、爬虫類の中から哺乳類の先祖が分かれました。しかし、地上には恐竜の仲間が栄えていて、哺乳類の入り込むすきがありませんでした。仕方なく、哺乳類は今のネズミのように、「昼間は暗い地中に隠れ、夜だけ地上で餌を探す」夜行性の生活を続けていました。

　夜行性の生活では、明るいところでしか使えない錐体はあまり出番がありません。そのような

各錐体が一番強く光を感じる波長

昆虫	トンボ	340	410		520	620
	チョウ		390	450	540	610
	ミツバチ	335		445	540	
	ゴキブリ		365		510	
魚類	キンギョ		380	455	530	625
爬虫類	カメ		375	450	518	620
鳥類	ハト		370	415 461	514	567
	シジュウカラ		370	450 480		570
哺乳類	リス			460	525	
	イヌ			429	555	
	ヒト			430	535 565	

(横軸: 300〜700 ナノメートル)

スペクトル: 紫外 紫 青 緑 黄色 オレンジ 赤

光を感じる細胞の進化

紫外 青 緑 赤

- 6億年前 — カンブリア紀
- 5億年前 — 最初の脊椎動物
- 2億年前 — 最初の哺乳類 / 紫外・赤錐体の退化
- 6500万年前 — 恐竜の絶滅
- 5000万年前 — 最初の霊長類（サルの仲間）
- 3500万年前 — 新しい赤錐体
- 現在

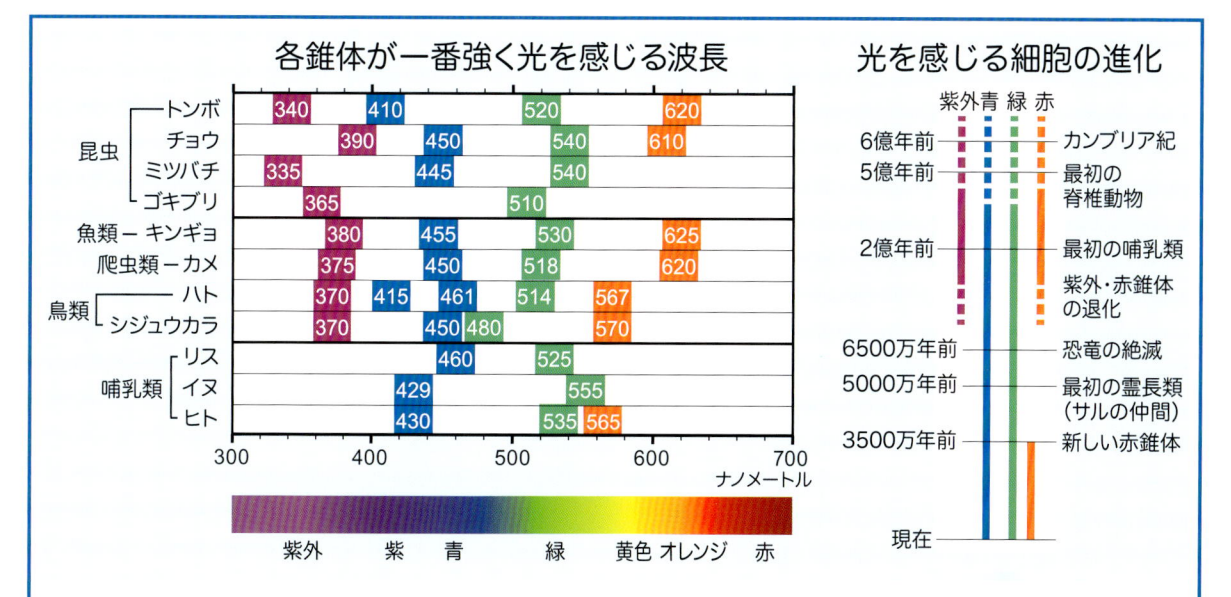

生活を1億年以上続けている間に、赤と紫外の錐体は退化して、緑と青の2種類だけになってしまいました（暗いところで暮らすゴキブリでも、同じような退化が起きています）。

昆虫や魚類・両生類・爬虫類・鳥類には、姿が目立つように色鮮やかな体をしている種があります。しかし、夜行性の生活ではそのような色の必要はなく、哺乳類の体は茶色の濃淡や、黒や白、灰色のような地味な色が多くなりました。

赤錐体の再登場

6500万年ほど前に恐竜が滅んだことによって、哺乳類はやっと昼間の地上に出てこられるようになりました。緑と青の2種類の錐体があればかなりの色が見分けられるので、ほとんどの哺乳類はそのまま2種類の錐体を使い続けています。

3500万年ほど前になって、サルの祖先の一部で、1つしかなかった緑の錐体を作る遺伝子が2つに分かれ、少し違う色を感じるように変化してゆきました。赤錐体と緑錐体が再び分かれたのです。

どうしてこのような進化が生じたのかは、よくわかっていません。木の実や若芽が見つけやすくなったという説も出されていますが、リスやシカは2種類の錐体でも問題なくこれらの作業をこなしているので、どれくらい有利になったのかは不明です。

それから3000万年以上たったにもかかわらず、サルや人には、2種類の錐体を持つ個体が数多く残っています。おそらく、生死に関わるほどの重大な進化ではなかったのでしょう。

昆虫の色の感じ方

多くの植物の花は、昆虫に花粉を運んでもらうために、おしべやめしべの根元から蜜を出すだけではなく、紫外の濃淡で蜜の場所を示す模様をつけるように進化しました（29ページ）。いっぽう、赤いバラやチューリップは人の目には鮮やかに映りますが、ハチは赤い光を感じません。

植物が本来アピールしている相手である昆虫には、赤よりも紫外の情報の方が大事なのです。

おわりに

4種類の細胞で色を感じる鳥や昆虫、3種類の細胞で色を感じる多くの人、2種類の細胞で色を感じる人、みなそれぞれの方法で色を見分け、うまく生活に利用しています。自分とは違う色の感じ方もあることをお互いが知ることで、バランスのよい社会が生まれます。

誰もが認識できるように工夫された配色が、公共の案内図や印刷物などに、徐々に増えてきています。この社会の動きは、これからも加速してゆくことでしょう。

この本を身近な色の見本とし、画材の色と比べながら色名を知り、誰もが色を楽しく扱えるようになってほしいと思います。

2005年5月

絵を描くことは本能

文／中山 れいこ　　画／荒井 光雄

好きな色を大切に

　さまざまな名画を観賞すると、それぞれの画家の特異な色の世界に引きつけられます。

　色覚検査の歴史は検査表が初めて印刷された1916年から始まり、100年くらいになります。それ以前の人々は、「色覚が一般とは異なるから絵を描けない」などと悩むことはなく、思いのままに好きな色の世界を描いていたのです。

　人は、一人ひとり好きな色が違います。

　一般色覚の人々が見ている世界と、それとは異なる色覚を持つ人々が見ている世界では、一部の共有領域のほかに、色の感じ方の違いによる豊かな色の世界がそれぞれにあります。

　子どもたちが好きな色を使って、自分の思いを絵で誰かに伝えようとすることは本能です。描いた絵におどろくような色があれば、それは個性です。否定せずに受け止めましょう。

　大人は、自分の色の感じ方を押しつけないで、子どもの説明をゆっくり聞きましょう。そして、ほめてください。身近な大人に認められることで、子どもは安心して自身の豊かな世界をひろげ、未来をきりひらいていきます。

色と遊ぼう

　私が小学校の低学年のころ、色覚が一般とは異なることがわかった従兄弟が、絵を一緒に描かなくなったことから、色覚について考えたり資料を見たりするようになって60年が過ぎました。

　その間、何人かの同じような色覚を持つ人の話を聞きました。私が会った人々は形態把握がよく、優れたデッサン力なのに、「色を塗ると、ダメなんだ」と話され、絵を描くことをさけていました。

　しかしアトリエに絵を習いに来て、色の名前と使い方を覚えたことで絵を描くようになり、今では絵手紙をくださる友人もいます。

　同じように見えても、違う色があることを知ることは大切です。一つずつ色の名前を覚えて使い方を覚えると、混色が自由になって、好きな色の世界が表現できるようになります。

初めて描いた絵

　40歳を過ぎるまで絵とは無関係に生きてきて、ある日突然絵を描きたくなって、色の名前を覚え、色の洪水のような絵を描いた、一般とは異なる色覚を持つ画家の絵を紹介します。絵を描いた手順は、おおよそ以下の通りでした。

1. まず、自分が描きたい絵のスケッチをし、色鉛筆で色を塗り、完成予想図を作りました。
2. 次にどのくらいの大きさの絵にするかを決め、ボードやキャンバスに下絵を描きました。
3. 基本的に、完成予想図に塗った色鉛筆と同じような色の絵の具を使って完成させました。作品によっては、描いている途中で色を変更したり、並べる色を考えたりしながら描いていったものもありました。

2005年6月

2005年7月

2005年7月

2005年7月

2005年8〜9月

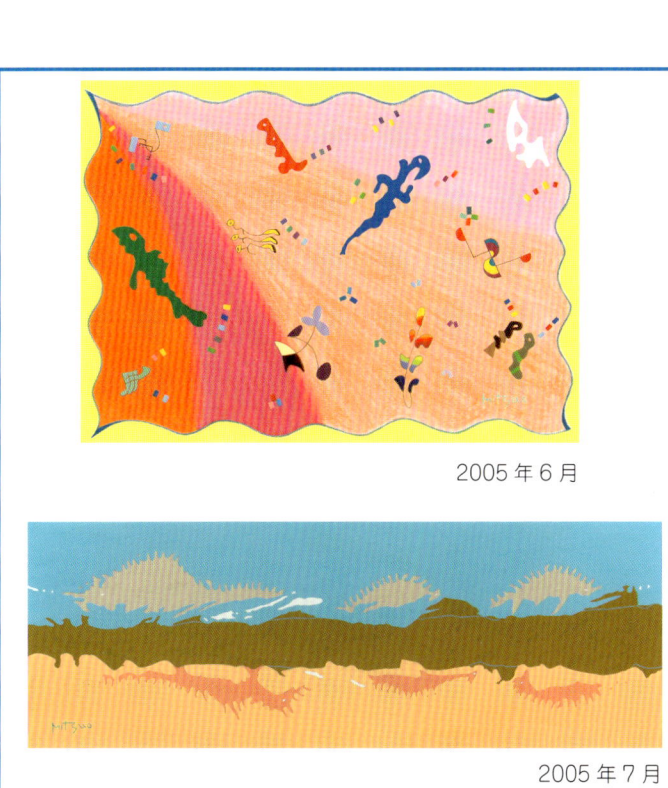

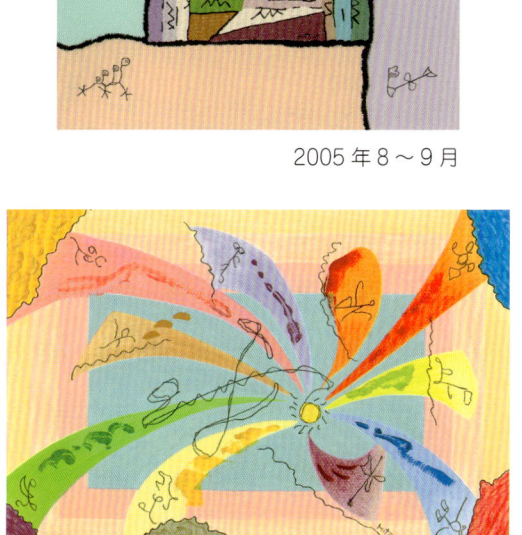

2005年9月

2005年9〜10月

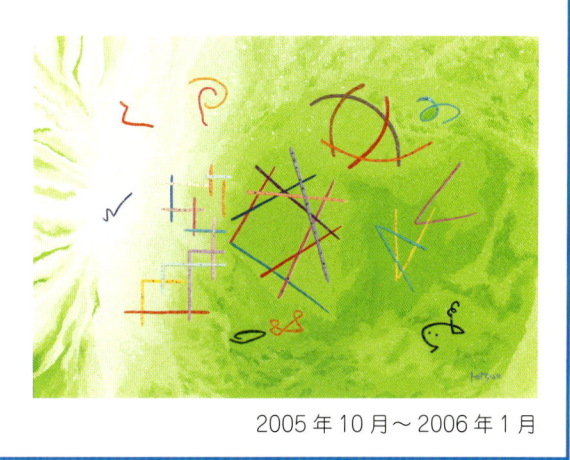

2005年10月〜2006年1月

45

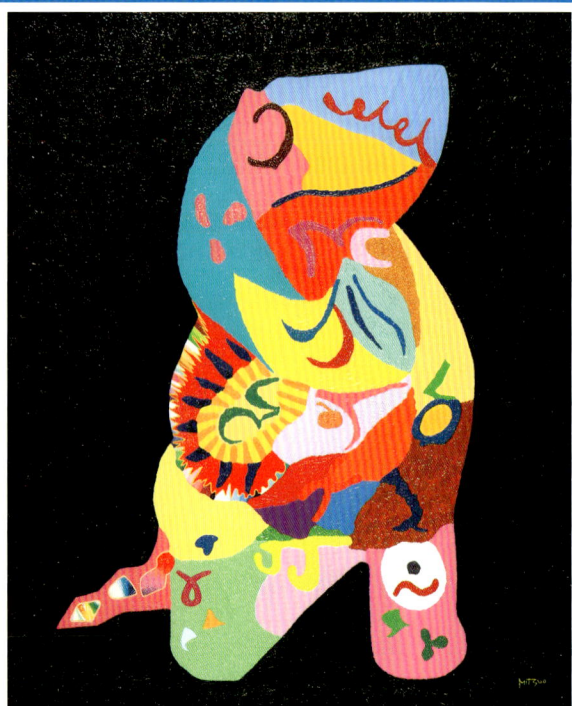

2006年2〜8月

2006年9〜12月

2006年12月～2007年2月

2007年3月

2007年4～5月

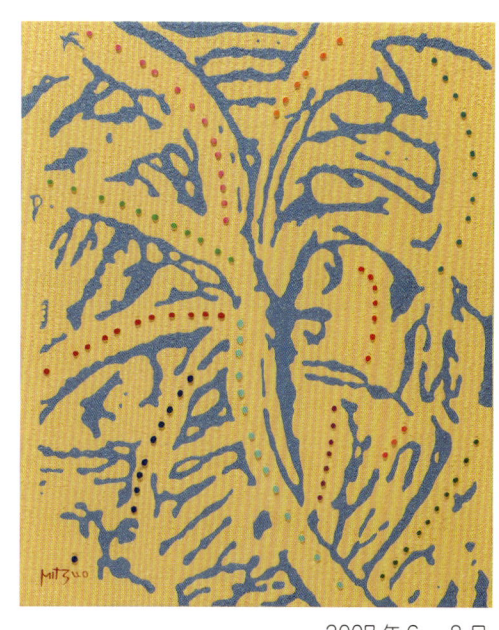

2007年6～8月

2007年9～11月

2007年12月～2008年1月

47

作者／中山 れいこ

博物画家、図鑑作家、環境教育アドバイザー、グラフィックデザイナー。

博物画の製作・普及などを行うアトリエモレリを主宰。ボランティアグループ「緑と子どもとホタルの会」代表。東京で育ち、幼少のころより生物相の豊かな生態系を目のあたりにし、植物や昆虫に関心を持つ。1966年ころから書籍デザインを手掛け、雑誌などに執筆する。

著書

『カメちゃんおいで手の鳴るほうへ(共著)』(講談社)、『小学校低学年の食事〈1・2年生〉(共著)』(ルック)、『ドキドキワクワク生き物飼育教室』①かえるよ！アゲハ ②かえるよ！ザリガニ ③かえるよ！カエル ④かえるよ！カイコ ⑤かえるよ！メダカ ⑥かえるよ！ホタル(リブリオ出版)、『まごころの介護食「お母さんおいしいですか？」』(本の泉社)、『よくわかる生物多様性』1未来につなごう身近ないのち 2カタツムリ 陸の貝のふしぎにせまる 3身近なチョウ 何を食べてどこにすんでいるのだろう(くろしお出版)、『いのちのかんさつ』1アゲハ 2カエル 3メダカ 4カイコ 5ザリガニ 6ホタル(少年写真新聞社)、『絹大好き 快適・健康・きれい』(本の泉社)、『虫博士の育ち方仕事の仕方(共著)』(本の泉社)など。

監修者／伊藤 啓

1963年生まれ。東京大学分子細胞生物学研究所・脳神経回路研究分野 准教授(理学博士)。NPO法人 カラーユニバーサルデザイン機構(CUDO)副理事長。東京大学大学院物理学専攻博士課程を修了後、ドイツ・マインツ大学客員研究員、科学技術振興事業団(現 科学技術振興機構)ERATO山元行動進化プロジェクト研究員、国立基礎生物学研究所を経て現職。主に昆虫を使って、脳の中の神経回路の全貌を明らかにする研究を行っている。2001年より、色の見え方に関する脳研究の成果を社会の見やすいデザインに役立てる研究も開始し、2004年に関連のNPOを設立。

「カラーユニバーサルデザイン」の概念を提唱し、駅の案内サインや電気製品の操作部、学校教科書、テレビの津波警報や気象庁の気象情報提供サイトなどの、見やすいデザインや色使いを助言している。

参考文献

『日本語の歴史 青信号はなぜアオなのか』著/小松英雄(笠間書院)、『ヒトの見ている世界 蝶の見ている世界』著/野島智司(青春出版社)、『日本の伝統色』(DIC株式会社)、『Color Universal Design カラーユニバーサルデザイン』著/NPO法人カラーユニバーサルデザイン機構(ハート出版)、「白い花の色素について」回答/浅田浩二(日本植物生理学会ウェブサイト「植物Q&A」登録番号 1678 回答日 2012-08-25)

企画

ブックデザイン／ 中山 れいこ
編集・構成／ アトリエ モレリ　中山 れいこ　黒田 かやの
絵／ 荒井 もみの　中山 れいこ　角海 千秋　荒井 光雄　伊藤 圭亮
写真／ p.25カエデ、p.28〜p.43：伊藤 啓、p.27 御衣黄桜：河野 英人、その他：アトリエ モレリ
協力／ 梅田 幸和　大洞 健史　森 拓磨　目黒区立駒場野公園自然観察舎　日本信号株式会社
彩の国ふれあい牧場　p.32〜p.33 撮影協力：リミックス・ペポニ

担当(少年写真新聞社)／ 河野 英人　石井 理抄子　野本 雅央

このいろなあに はなといきもの　色覚バリアフリーえほん

2015年 4月30日　初版第1刷発行　　　　　　　Ⓒ　Reiko Nakayama 2015, Printed in Japan

作　者　中山 れいこ
監修者　伊藤 啓
発行人　松本 恒
発行所　株式会社 少年写真新聞社
　　　　〒102-8232 東京都千代田区九段南4-7-16 市ヶ谷KTビルI
　　　　TEL 03-3264-2624(代表)　FAX 03-5276-7785
　　　　URL http://www.schoolpress.co.jp
印刷所　図書印刷 株式会社
装　丁　中山 れいこ
制　作　アトリエ モレリ

ISBN 978-4-87981-515-6 C8037　NDC375

本書を無断で複写・複製・転載・デジタルデータ化することを禁じます。
定価はカバーに表示してあります。落丁・乱丁本はおとりかえいたします。